ELEMENTOS DE
direito financeiro

ELEMENTOS DE
direito financeiro

Eugenio Augusto Franco Montoro

FGV EDITORA

Copyright © 2016 Eugenio Augusto Franco Montoro

Direitos desta edição reservados à
Editora FGV
Rua Jornalista Orlando Dantas, 37
22231-010 | Rio de Janeiro, RJ | Brasil
Tels.: 0800-021-7777 | 21-3799-4427
Fax: 21-3799-4430
editora@fgv.br | pedidoseditora@fgv.br
www.fgv.br/editora

Impresso no Brasil | *Printed in Brazil*

Todos os direitos reservados. A reprodução não autorizada desta publicação, no todo ou em parte, constitui violação do copyright (Lei nº 9.610/98).

Os conceitos emitidos neste livro são de inteira responsabilidade do(s) autor(es).

1ª edição — 2016

PREPARAÇÃO DE ORIGINAIS
Sandra Frank

REVISÃO
João Sette Câmara

CAPA, PROJETO GRÁFICO DE MIOLO E DIAGRAMAÇÃO
Ilustrarte Design e Produção Editorial

Ficha catalográfica elaborada pela
Biblioteca Mario Henrique Simonsen/FGV

Montoro, Eugenio Augusto Franco, 1945-
    Elementos de direito financeiro / Eugenio Augusto Franco Montoro. — Rio de Janeiro : FGV Editora, 2016.
    244 p.

    Inclui bibliografia.
    ISBN:978-85-225-1853-1

    1. Direito financeiro. 2. Orçamento. 3. Renda pública. 4. Despesa pública. 5. Contabilidade pública. I. Fundação Getulio Vargas. II. Título.

CDD — 341.38

Sumário

Prefácio   9

Capítulo 1: Conceito e desenvolvimento do direito financeiro   11
   Direito público e direito financeiro   11
   Principais temas do direito financeiro   18
   Evolução das normas federais relativas ao direito financeiro   22
   Aperfeiçoamento do marco legal   30
   Disposições constitucionais em matéria de finanças públicas   34

Capítulo 2: Orçamento público   37
   Regime constitucional do orçamento público   37
   O ciclo orçamentário   42
   Os princípios orçamentários   43
   A lei de diretrizes orçamentárias (LDO)   44
   O orçamento impositivo   48

Capítulo 3: Receita pública   53
   Receitas ou ingressos públicos   53
   Receitas originárias e receitas derivadas   55
   Classificação das receitas públicas adotada pela legislação brasileira   57
   Receita tributária   63
   Receitas não tributárias   74
   Crescimento da receita pública   83
   Renúncia tributária   83
   Empréstimos públicos   92

Capítulo 4: Despesa pública   **103**
   Disposições constitucionais   103
   Classificação da despesa pública   104
   Fases da despesa pública   106
   Vinculação da receita de impostos   107
   Limites para despesas correntes: gastos com pessoal, gastos em saúde e educação   113
   Despesas para pagamento de precatórios judiciais   116
   Perfil dos gastos públicos do governo federal   121

Capítulo 5: Planos de contas. Sistemas contábeis. Portaria nº 184/STN   **125**
   O novo regime da contabilidade pública   126
   A criação de sistema integrado de administração financeira e controle (SIAFC)   127
   A edição do Manual de contabilidade aplicada ao setor público (MCASP)   127
   A implantação do Plano de Contas Aplicado ao Setor Público (PCASP)   128
   As normas do International Public Sector Accounting Standards (IPSAS)   128
   As normas do Conselho Federal de Contabilidade (CFC)   129

Capítulo 6: Controle da execução do orçamento   **131**
   Fiscalização financeira e orçamentária exercida pelo Legislativo e pelo Tribunal de Contas   131
   Nova extensão do controle   134
   Novas formas de controle   135

Capítulo 7: Conclusões   **141**

Bibliografia   **145**
Anexo: Dispositivos constitucionais que tratam de matéria relativa ao direito financeiro   **147**

Índice de figuras e quadros

Quadro 1 – Classificação das entradas ou ingressos públicos 55

Quadro 2 – Anexo I do Orçamento Geral da União (2014) 62

Figura 1 – Evolução da carga tributária no Brasil 64

Figura 2 – Carga tributária no Brasil e em países da OCDE (2011) 64

Quadro 3 – Arrecadação dos tributos mais relevantes — 2010-2012 (em R$ milhões) 66

Figura 3 – Participação dos estados e do DF na distribuição de recursos do FPE 70

Quadro 4 – Participação dos estados no total do FPM interior 71

Figura 4 – Distribuição regional dos recursos do FPE (2001-2010) 73

Quadro 5 – Valores aproximados das receitas não tributárias em 2014 (em R$ bilhões) 76

Figura 5 – Evolução dos gastos tributários da União — 1998-2009 (em R$ bilhões) 86

Figura 6 – Evolução das renúncias tributárias para PIS e Cofins — 1995-2009 (em R$ milhões) 87

Quadro 6 – Projeção dos principais gastos tributários para 2012 (em R$) 88

Figura 7 – Evolução da relação dívida consolidada líquida (DCL) sobre receita corrente líquida (RCL) — dez./2002 e dez./2012 99

Figura 8 – Evolução do resultado primário (superávit fiscal) — 2002-2013   102

Figura 9 – Composição das receitas orçamentárias (1970-2003)   110

Quadro 7 – Gastos não financeiros do governo federal — 1999-2010 (em % do PIB)   122

Figura 10 – Evolução dos gastos públicos com investimentos — 2003-2012 (em % do PIB)   123

Prefácio

A discussão dos principais temas do direito financeiro ocupa, atualmente, grande parte do texto de jornais e revistas e é objeto de constantes e profundas discussões no rádio e na televisão. Também através das chamadas mídias sociais, a todo instante são apresentados comentários sobre temas relacionados ao direito financeiro. Trabalhos e estudos são apresentados em congressos, seminários e encontros especializados.

Como estabelecer parâmetros para a ação estatal e como avaliar suas atividades? Como tornar efetivo um governo realmente democrático que venha a atender as necessidades públicas de forma eficaz, com controle dos gastos e da ação dos agentes públicos? Como controlar a gestão das receitas e das despesas públicas? Como tornar o orçamento um instrumento de planejamento da ação do poder público?

São perguntas que há muito tempo preocupam os estudiosos do direito financeiro. A ideia de um orçamento anual que preveja as receitas e despesas públicas e que seja elaborado mediante um amplo debate a respeito da alocação das verbas públicas já está estabelecido nas constituições. O estabelecimento de regras para a execução do orçamento, com adequada informação a respeito das diversas contas que reflitam a arrecadação e a despesa pública, tem sido objeto de normas contábeis específicas.

Entretanto, verifica-se que muito poucos são aqueles que dominam tais conceitos. A parcela mais preparada da população, formada pelos dirigentes de empresas, representantes de associações profissionais ou de grupos de interesses, intelectuais e formadores de opinião não se interessa pelo estudo das normas de direito financeiro. Tudo fica a cargo do governo. Na realidade, fica a cargo de uma reduzida parcela de ocupantes de cargos no governo, que controla o processo de elaboração e execução orçamentária.

Será que os legisladores, aqueles que aprovam o orçamento e julgam as contas dos administradores públicos, têm conhecimento profundo a respeito dos "meandros" do orçamento? Será que votam as medidas financeiras que balizam a atuação do Estado com pleno conhecimento das decisões a serem tomadas e de seus efeitos?

Daí a importância de se analisarem os fundamentos, os princípios e os conceitos elaborados pelo direito financeiro. É esse o objetivo deste livro. Ele procura discutir os mais importantes aspectos do direito financeiro atual. Ao final, em anexo, são agrupadas as normas constitucionais que tratam das matérias de direito financeiro. Sua consulta será útil para completar a análise dos diversos temas apresentados e discutidos.

No exercício do magistério na Fundação Getulio Vargas, tenho discutido com alunos, em cursos de graduação e de especialização, alguns conceitos e preocupações, a respeito da ação dos administradores públicos, que são objeto das normas de direito financeiro. Procurei agrupar esses conceitos neste trabalho. Espero que, para uns, possa ser esclarecedor a respeito da regulação jurídica da atividade financeira do Estado. Espero que, para outros, seja motivador, desafiador, para a descoberta de novas formas democráticas e eficazes de gerir os recursos públicos.

Capítulo 1

Conceito e desenvolvimento do direito financeiro

O direito financeiro no Brasil tem se desenvolvido enormemente nas últimas décadas. Novos institutos estão sendo criados com o objetivo de regulamentar tanto a elaboração do orçamento quanto a gestão das receitas e despesas públicas.

O direito financeiro é um dos ramos mais importantes do direito público moderno. Temas relevantes na sociedade atual são tratados pelo direito financeiro. São disposições sobre o orçamento, as receitas e despesas públicas, a vinculação de receitas, limites de despesas, empréstimos públicos, pagamento de precatórios judiciais e a fiscalização financeira e orçamentária, exercida com o auxílio do Tribunal de Contas.

Direito público e direito financeiro

Utilizando a antiga divisão dos ramos do direito em direito público e direito privado, podemos identificar o direito financeiro como um dos ramos do direito público.

As normas de direito público têm características distintas das normas de direito privado. Nelas, verifica-se a existência de um interesse público a ser protegido. Usualmente essas normas destinam-se a regrar situações em que o poder público é parte. Diferem das normas de direito privado porque nestas não se encontra essa prevalência do interesse de uma das partes da relação jurídica em detrimento da outra. No direito privado, as relações jurídicas se estabelecem respeitando princípios de igualdade entre as partes e de respeito à autonomia da vontade. Nas normas de direito público, verifica-se uma desigualdade. Não se pode reconhecer a prevalência e superioridade de interesse privado sobre o interesse do Estado. Há sempre a prevalência do interesse público. E nas normas de direito público, a autonomia da vontade não se mostra com a força que se apresenta nas relações de direito privado. As determinações de uma das partes, o Estado, são compulsórias. Não se pode admitir, por outro lado, que essa posição distinta em que se encontra uma das partes da relação jurídica venha a causar injustificáveis danos e prejuízos à outra parte. Nesses casos, o direito busca uma composição ou reparação dos eventuais prejuízos que a outra parte sofra. Mas prevalece sempre o interesse do Estado, do poder público, que é o interesse de toda a sociedade.

Direito financeiro e os demais ramos do direito público

Há quatro ramos do direito público que se distinguem claramente: o direito constitucional, o direito administrativo, o direito processual e o direito penal.

O direito constitucional cuida da determinação da ordem jurídica fundamental. Cuida de fixação, geralmente em documento escrito e elaborado segundo procedimentos especiais, das regras básicas da organização política e jurídica. Tal documento escrito é a Constituição, também conhecida como Lei Maior, Lei Suprema, Carta Fundamental etc. Modernamente, têm sido incluído nas constituições, ao lado de dispositivos a respeito da organização política, dispositivos que procuram estabelecer normas básicas de caráter social e econômico. As disposições da Constituição, por serem consideradas fundamentais, básicas, apresentam duas características que as distinguem das demais normas jurídicas: a supremacia e a estabilidade.

As normas constitucionais ocupam uma posição de supremacia na ordem jurídica. Todas as demais regras jurídicas devem respeitá-las. E as normas inseridas na Constituição são dotadas de maior estabilidade em relação às demais normas jurídicas. Somente podem ser alteradas observados procedimentos especiais. Isso porque tais normas devem, em princípio, refletir o pensamento dominante nas sociedades, em certa época, a respeito da organização jurídica fundamental. Estabelecem as bases consensuais em que se deve estruturar o sistema jurídico e regulam a ação do poder público. Daí por que devem ser normas duradouras, dotadas de maior rigidez no que se refere à possibilidade de mudanças.

O direito administrativo cuida de disciplinar as relações jurídicas que se estabelecem no exercício, pelo Estado, de sua função executiva ou administrativa. A ação do poder público é moldada pelo conjunto de princípios e regras que são determinadas pelo direito administrativo. São as normas que tratam do exercício, pelo Estado, do poder de polícia, da celebração de contratos administrativos, de procedimentos especiais anteriores aos contratos, como as licitações, do regime jurídico da prestação de serviços públicos, das garantias dos agentes públicos etc. Também se incluem no campo do direito administrativo as disposições a respeito das finanças públicas, que os estudiosos hoje chamam de direito financeiro.

O direito processual cuida de estabelecer os procedimentos a serem observados pelo Estado no exercício da função jurisdicional. Cuida da organização do Poder Judiciário e dos processos que nele se desenvolvem para a correta aplicação do direito, quando se constata a existência de dúvidas e conflitos a respeito da interpretação da lei.

O direito penal, por sua vez, cuida das relações jurídicas ligadas ao exercício de outras das funções que cabem ao poder público, quais sejam a da determinação de regras de conduta para as diversas pessoas físicas e jurídicas, titulares de direitos e obrigações, e a penalização das que as contrariam. Somente o Estado tem tal atribuição no direito moderno. E o exercício dessa função deve seguir procedimentos e critérios fixados no chamado direito criminal ou direito penal, que determina os crimes e define as penas.

O direito financeiro é, assim, um dos ramos em que se desdobrou o direito administrativo. Não foi o único, pois hoje é comum falar-se em direito ambiental, direito econômico, direito regulatório etc. Todos têm o objetivo de disciplinar o exercício de funções do Estado e estabelecer comportamentos a serem observados pelos particulares e pelo próprio poder público.

Direito financeiro e seu conteúdo

O direito financeiro tem por objeto a determinação de princípios e regras que disciplinam as finanças públicas, tanto no que se refere a sua geração quanto no que se refere ao gasto. É o tratamento jurídico da atividade financeira do Estado. A geração de receitas se processa pelo direcionamento de recursos financeiros para o Estado, provenientes do patrimônio do próprio Estado ou retirados do patrimônio de particulares. Os gastos são realizados para atender às necessidades do Estado. O direito financeiro cuida dos ingressos financeiros nos cofres públicos ("receita") e dos gastos públicos ("despesa") realizados pela administração pública.

O Estado, criação jurídica, possui os bens que a Constituição lhe atribui. Em nome de toda a sociedade, o Estado tem a responsabilidade de manter e administrar esse patrimônio.

O patrimônio público pode gerar rendas, em virtude de sua utilização ou através de sua venda. Essas rendas são antigas fontes de recursos para o Estado. Por outro lado, o Estado possui a faculdade, reconhecida pelo direito moderno, de arrecadar recursos compulsórios da população, por meio de tributos. O tributo é outra das fontes de recursos de que dispõe o Estado. Além das rendas oriundas de seu patrimônio e dos tributos, pode o Estado prestar serviços para a população e dela cobrar rendas (tarifas), que também são outra fonte de recursos. Pode ainda o Estado ter ingressos financeiros provenientes de empréstimos que ele venha a contrair. São outras fontes de recursos. O direito financeiro cuida de estudar e definir o regime jurídico que rege as relações entre o Estado, agente captador de recursos financeiros, e seus provedores. Procura definir a natureza dessas relações e discipliná-las.

Com os recursos provenientes dessas diversas fontes, o Estado provê as necessidades públicas. Procura atender às finalidades para as quais foi instituído juridicamente. Aplica os recursos de forma a realizar a satisfação do interesse público. Como administrador dos recursos captados, estabelece critérios para os gastos públicos, e o faz atendendo a determinações legais. A autoridade pública não tem poder discricionário para efetuar gastos que julgar apropriados, segundo seu único e exclusivo ponto de vista. Deve obedecer a princípios e condições previamente estabelecidos. São as regras a respeito da despesa pública tão numerosas no direito atual.

O direito financeiro trata, dessa forma, da receita e da despesa públicas.

Com o crescimento do conjunto de atividades e responsabilidades atribuídas ao Estado moderno, cresceu também o volume dos recursos por ele administrados. Tal crescimento se deu de forma tão acentuada que o Estado passou a ser, no sistema econômico, agente de fundamental importância. O direcionamento dos gastos públicos para esse ou aquele setor econômico passou a ter peso decisivo no próprio processo de crescimento econômico dos países. E a captação de recursos do setor privado, direcionando-os para a aplicação em programas governamentais, também passou a ser elemento importante no processo econômico.

Para comprovar a importância dos gastos públicos na economia brasileira, é oportuno conhecer alguns números. O Orçamento Geral da União, que previu as receitas e despesas do governo federal para o ano de 2014, estimou tais despesas em mais de R$ 2,48 trilhões. O produto interno bruto (PIB) brasileiro no mesmo ano ficou em R$ 5,5 trilhões. Isso quer dizer que apenas o governo federal, excluídos estados e municípios, administra receita próxima da metade do que o país produz em um ano.

Essa não é uma característica exclusiva de nosso país. Em praticamente todo o mundo, nas últimas décadas, cresceram ao mesmo tempo a presença do Estado na economia e o volume e importância dos gastos públicos. Aumentou também a preocupação com o direito financeiro e com a previsão de institutos jurídicos que disciplinem a receita e a despesa públicas.

Essa tendência para a expansão das atividades estatais e a assunção, pelo Estado, de novas atribuições, entretanto, começa a ser revertida com as experiências de privatização de serviços públicos anteriormente geridos pelo poder público, experiência que também está sendo feita no Brasil.

O Brasil é uma república federativa. Coexistem ordens jurídicas federal, estaduais e municipais. De acordo com a Constituição Federal,[1] a competência para legislar sobre direito financeiro é concorrente. Cabe à União estabelecer normas gerais, sendo que aos estados e municípios é reconhecida competência supletiva.

Direito financeiro e direito tributário

O direito tributário, cujo estudo teve enorme desenvolvimento a partir de meados do século passado, pode ser visto como um desdobramento do direito financeiro. O direito tributário preocupa-se com uma das fontes de recursos de que se tem valido o poder público para financiar seus gastos. O tributo é uma receita pública com características próprias. Sua cobrança segue princípios rígidos e tem natureza distinta das demais formas de recursos que são levados para os cofres públicos.

Voltando aos números do Orçamento Geral da União para o exercício de 2014, observa-se que as receitas dos tributos e contribuições federais somam aproximadamente R$ 1,2 trilhão, ou seja, quase 70% das receitas, excluídas as decorrentes de operações de crédito (empréstimos e refinanciamento da dívida pública).

Os tributos são receitas compulsórias, instituídas por lei. Uma vez instituídas, podem e devem ser arrecadadas pelas autorida-

---

[1] Art. 24 da Constituição Federal de 1988, doravante CRFB/1988.

des públicas. Não é lícito ao contribuinte de tributos deixar de pagá-los. A instituição e cobrança do tributo independem de manifestação de vontade do contribuinte. Sua instituição e cobrança são consequências do poder do Estado. São prestação a que o contribuinte não pode se furtar. Não dependem de sua expressa concordância.

Entretanto, para o exercício da faculdade de criar tributos, o poder público deve observar limitações, que procuram resguardar direitos dos contribuintes. Daí a afirmação de que a atividade tributária depende de prévia autorização legal e do atendimento a certas limitações fixadas pela Constituição e pelas leis.

No Brasil, tivemos, em 1966, uma reforma tributária que fixou as bases de um sistema tributário nacional. Mediante a aprovação da Emenda Constitucional nº 18 ao texto da Constituição de 1946 e da aprovação do Código Tributário Nacional, pela Lei nº 5.172/1966, foi estabelecido um marco legal para o exercício da atividade tributária. Os princípios e características básicas desse sistema tributário ainda se encontram em vigor, apesar de sucessivas alterações introduzidas na legislação.

O tributo, receita pública distinta das demais, passou a ter tratamento jurídico próprio. Seu estudo passou a ser feito pelo chamado direito tributário, de enorme importância na realidade atual.

Como observa Aliomar Baleeiro:

> O Direito Financeiro é compreensivo do conjunto das normas sobre todas as instituições financeiras —, receitas, despesas, orçamento, crédito e processo fiscal — ao passo que o Direito Fiscal, sinônimo de Direito Tributário, aplica-se contemporaneamente e a despeito de qualquer contraindicação etimológica, ao campo restrito das receitas de caráter compulsório. Regula precisamente as relações jurídicas entre o Fisco, como sujeito ativo, e o contribuinte, como sujeito passivo. O Direito Fiscal é o sub-ramo do Direito Financeiro, que apresenta maior desenvolvimento doutrinário e maior riqueza de diplomas no Direito positivo dos vários países. Alguns destes já o codificaram, como o Brasil, com o projeto

Oswaldo Aranha — Rubens Gomes de Souza, hoje integrado na Lei 5.172 de 1966.[2]

Podemos dizer que o direito tributário é parte do direito financeiro. Ganhou autonomia. Criou institutos próprios e legislação específica. Representa ramo importante do direito público.

Principais temas do direito financeiro

É importante destacar, de início, as finalidades das normas de direito financeiro. Ao disciplinar as finanças públicas, especialmente sua gestão, procuram:

a) disciplinar a ação estatal quanto à arrecadação e utilização das finanças públicas, estabelecendo a necessidade de autorizações e limitações para sua gestão. Não deve a ação dos gestores de recursos públicos ser totalmente discricionária. Deve obedecer a procedimentos e condições previamente estabelecidos;

b) garantir a liberdade individual e a segurança jurídica. Esses dois princípios, tão importantes para consolidação do estado de direito, devem orientar a fixação das normas de direito financeiro;

c) assegurar a publicidade da ação governamental, permitindo ao cidadão o conhecimento dos atos praticados pelos governantes, especialmente os que repercutem nas finanças públicas; e

d) obrigar o planejamento e o controle das ações financeiras do Estado. O planejamento, para que se obtenham resultados eficazes na ação estatal; o controle, para que sejam constantemente verificados os resultados dessas ações. Daí a necessidade de fixação de metas e objetivos claros para as ações do Estado.

---

[2] BALEEIRO, Aliomar. *Uma introdução à ciência das finanças*. Rio de Janeiro: Forense, 2004. p. 16.

Alguns temas de direito financeiro já têm sido discutidos há algum tempo. Outros são temas novos, cuja importância se deve à constante preocupação da sociedade em participar do processo de gestão das finanças públicas, obter transparência nas informações a respeito da evolução das despesas e das receitas, controlar os gastos públicos e responsabilizar, de forma direta, os agentes públicos encarregados da execução das despesas do Estado.

A introdução do conceito de orçamento público foi antiga preocupação do direito financeiro. Com o objetivo de restringir a autonomia do Executivo em administrar as finanças públicas, e com o objetivo de se determinarem limites para as receitas e gastos, surgiu o conceito de orçamento anual, proposto pelo Executivo e aprovado pelo Legislativo. Foi a forma que o direito encontrou para disciplinar as finanças públicas. A lei orçamentária passou a representar, do lado da receita, a autorização para a arrecadação de tributos e demais rendas do Estado e a celebração de operações de empréstimos. Do lado da despesa, a lei orçamentária passou a estabelecer, através de dotações específicas, destinação para as verbas públicas.

Assim ensina Aliomar Baleeiro na obra clássica sobre o direito financeiro:

> A Constituição de 1824 deu à Câmara dos Deputados a iniciativa das leis de impostos (art. 36-1) e ordenou que o Ministro da Fazenda, havendo recebido dos outros ministros os orçamentos relativos às despesas de suas repartições, apresentaria àquela Câmara, anualmente, um balanço geral da receita e da despesa do Tesouro de ano a ano antecedente, e igualmente o orçamento geral de todas as despesas públicas do ano futuro e a importância total de todas as contribuições e rendas públicas (art. 172). Mas o primeiro orçamento nacional elaborado, em conformidade com esse dispositivo, que abrigava as principais regras da matéria, foi o votado no exercício 1831-1832.[3]

---

[3] BALEEIRO, Aliomar. *Uma introdução à ciência das finanças*, 2004, op. cit., p. 417.

O orçamento público, como documento anual, aprovado pelo Poder Legislativo, obrigatório e compreensivo das receitas e despesas do Estado, representou o atendimento de dois objetivos básicos.

O primeiro objetivo foi reduzir os poderes do Executivo por meio da necessidade de discussão, pelo Poder Legislativo, de um orçamento anual de receitas e despesas. O Executivo deixou de ser o único responsável por sua elaboração e aprovação. Trouxe para um órgão mais representativo da população a discussão a respeito dos limites da atuação financeira do Estado.

O orçamento revestiu-se, dessa maneira, de um caráter democrático. Representa, até hoje, um dos meios mais eficazes para o controle, pela sociedade, das atividades do Poder Executivo. Sua introdução no mundo jurídico tem a ver com a separação de poderes e com os "freios e contrapesos" na relação entre os poderes e exercício do poder político.

O segundo objetivo foi introduzir o princípio do planejamento. Por ser o orçamento uma previsão anual de receitas e despesas, a indicação de valores dos gastos representa a escolha de uma alternativa de atuação do Estado. O orçamento anual supõe, necessariamente, um plano. Prever receitas e despesas somente é possível com planejamento. De início, os orçamentos preocupavam-se apenas, no lado das despesas, com a indicação de dotações por categorias econômicas, conforme a natureza da despesa. Modernamente, as despesas passaram a ser estabelecidas por programas e estão associadas ao cumprimento de metas de desempenho.

É o direito financeiro que trata do processo de elaboração, discussão e aprovação do orçamento público. Trata de fixar critérios para a classificação das receitas e despesas. Trata das formalidades a serem observadas em sua execução. Prevê mecanismos para a alteração do orçamento, sempre mediante aprovação legislativa.

Além de tratar do orçamento, o direito financeiro cuida também de fixar regras a respeito da prestação de contas das autoridades encarregadas de executar o orçamento. Pouco valeria o orçamento se o direito financeiro não previsse, também, meios de fiscalização de seu cumprimento e uma prestação anual de contas ao Poder Legislativo. Um balanço deve ser elaborado e submetido ao Poder Legislativo, que conta, para assessorá-lo, com um órgão especializado, criado no Brasil no início do século XX: o Tribunal de Contas.

Cuida o direito financeiro de estabelecer regras para a receita pública. Com relação às receitas que se revestem das características de tributos, surgiu o direito tributário, como ramo autônomo do direito público e que define o regime jurídico das diversas espécies tributárias, a saber, impostos, taxas e contribuições. Com relação às outras receitas, cuida o direito financeiro de estabelecer o regime jurídico para sua instituição e cobrança, especialmente das receitas que se pretende obter através de empréstimos contraídos pela administração pública. A disciplina das operações de crédito celebradas pelo Estado é fixada por meio de diversas normas de direito financeiro. Cuida o direito financeiro, ainda, de classificar as receitas para o fim de previsão orçamentária e prestação de contas.

Também com relação às despesas, preocupa-se o direito financeiro. Cuida de classificá-las e estabelecer procedimentos para sua execução. Nesse aspecto, tem sido de enorme importância a determinação de procedimentos que antecedem a ordenação da despesa, por meio de empenho prévio. Inúmeras formalidades e cuidados devem ser observados pelos ordenadores de despesas para a correta execução orçamentária.

Nos últimos anos, tem-se procurado fixar um marco jurídico específico para o atendimento de despesas decorrentes de pagamentos devidos pela Fazenda Pública com relação a precatórios judiciais. Os precatórios são solicitações do Poder Judiciário para a efetivação de pagamentos em decorrência de decisões judiciais já definitivas. É significativo o volume de dívidas a serem cobradas do poder público após as decisões judiciais. O orçamento anual deve prever recursos para tal fim. Infelizmente, tais recursos têm-se mostrado insuficientes para atender ao pagamento dos credores do Estado. O montante dos compromissos financeiros a serem cumpridos em decorrência de condenações judiciais, objeto de precatórios, muitas vezes supera a capacidade de pagamento do

Estado dentro do exercício financeiro. Isso porque os recursos disponíveis estão alocados a outros fins e faltam recursos para o pagamento dos precatórios. Daí a necessidade de serem estabelecidas regras a respeito do cumprimento dos precatórios judiciais, o que tem sido feito pelo direito financeiro.

Evolução das normas federais relativas ao direito financeiro

Para dar cumprimento aos princípios constitucionais a respeito das finanças públicas, encontramos inúmeros diplomas legislativos federais. Os estados-membros e os municípios podem também estabelecer regras específicas para a gestão financeira. Podem prever procedimentos complementares para a elaboração do orçamento e a fiscalização de seu cumprimento. Entretanto, devem respeitar, necessariamente, normas e critérios gerais fixados na Constituição e na legislação federal.

Seguindo um critério cronológico, podemos identificar os principais diplomas legais que tratam das matérias de direito financeiro. São leis ordinárias, leis complementares e emendas constitucionais, estas aprovadas após a CRFB/1988. Essa Constituição, mais do que as anteriores constituições brasileiras, tratou de forma bastante detalhada de temas de direito financeiro.

Em 1940, o Decreto-Lei (DL) nº 2.848 instituiu o Código Penal. Previu o código, em título específico, os crimes contra a administração pública. Entre estes cabe mencionar crimes praticados por funcionário público contra a administração em geral. São vários os crimes tipificados pela lei penal, como os de peculato, de inserção de dado falso em sistema de informações, de emprego irregular de verbas públicas, de concussão, de excesso de exação, de corrupção passiva, de prevaricação e de violação de sigilo em proposta de concorrência.

Em 1950, foi aprovada a Lei nº 1.079, que definiu os crimes de responsabilidade praticados pelos agentes públicos federais e estaduais e regulou seu julgamento. Essa lei definiu os crimes de responsabilidade. A pena aplicada pela prática do crime é a perda do cargo e inabilitação para o exercício de função pública. É o julgamento político a ser efetuado pelo Legislativo.

Foram previstos nessa lei, em capítulos próprios, crimes contra a probidade na administração, crimes contra a lei orçamentária e crimes contra a guarda e legal emprego dos dinheiros públicos.

Em 1964, foi aprovada a lei que estabeleceu normas gerais de direito financeiro para elaboração e controle dos orçamentos e balanços públicos. A lei tornou-se norma obrigatória para as administrações federal, estadual e municipal. Teve enorme importância nas finanças públicas de todo o país.

Kiyoshi Harada menciona o seguinte a respeito dessa lei:

> A realização de despesas, além de observar os princípios constitucionais pertinentes, deve ser presidida pelo princípio da legalidade. [...] Os procedimentos legais estão previstos na Lei 4.320, de 17/03/64, aplicável no âmbito nacional. Estados e Municípios podem elaborar as leis de execução orçamentária, desde que respeitem as normas gerais contidas na citada lei federal, que tem natureza de lei complementar do ponto de vista material.[4]

A Lei nº 4.320/1964 representou enorme avanço na área das finanças públicas. Veio substituir os critérios estabelecidos pelo antigo Código de Contabilidade da União. O projeto original, que havia sido apresentado em 1951, teve demorada tramitação no Legislativo.

A nova lei estabeleceu normas acerca do conteúdo do orçamento e fixou procedimentos a serem observados para a elaboração da proposta orçamentária. Estabeleceu o conceito de exercício financeiro. Estabeleceu o conceito de créditos adicionais. Determinou os procedimentos a serem observados para a execução orçamentária, com a observância de programação e de empenho. Tratou, igualmente, de fixar mecanismos de controle, interno e externo, da

---

[4] HARADA, Kiyoshi. *Direito financeiro e tributário*. São Paulo: Atlas, 2004. p. 52.

execução orçamentária. Estabeleceu, ainda, normas a serem observadas na contabilidade governamental.

Ao fixar conceitos e critérios para classificação das receitas e despesas públicas; ao estabelecer as regras para elaboração da proposta de orçamento, sua discussão e aprovação; ao estabelecer regras para a execução orçamentária e confecção de balanços, a Lei nº 4.320/1964 conseguiu dar à gestão dos recursos públicos maior consistência e transparência. Não se pode negar que foram inúmeras as dificuldades para se estabelecer, em toda a administração pública, federal, estadual e municipal, a prática e a cultura da correta administração financeira. Mas os critérios fixados pela lei acabaram sendo adotados e incorporados à prática da administração financeira na área pública. Esse foi o grande mérito da Lei nº 4.320/1964, ainda hoje em vigor.

Em 1967 foi editado o DL nº 201, que tratou da responsabilidade de prefeitos e vereadores. A redação do projeto desse decreto-lei foi solicitada pelo então ministro da Justiça, Carlos Medeiros da Silva, ao renomado professor e administrativista Hely Lopes Meirelles. Inúmeras discussões se travavam no Poder Judiciário a respeito da possibilidade de apuração de crimes de responsabilidade de autoridades municipais. Tornava-se necessário, em todos os casos, ter autorização das câmaras municipais para que o Poder Judiciário analisasse infrações que caracterizassem atos de improbidade administrativa. E essas autorizações raramente eram concedidas. O DL nº 201/1967 veio disciplinar a matéria e revogar a legislação anterior.

Sobre essa inovação, assim se manifestou Hely Lopes Meirelles:

> Os crimes de responsabilidade do Prefeito estão consignados no Decreto-lei 201/67, cujo projeto é integralmente de nossa autoria, e no qual tivemos a preocupação de definir os tipos mais danosos à administração municipal, e de separar, nitidamente, as infrações penais das infrações político-administrativas, atribuindo o processo e julgamento daquelas exclusivamente ao Poder Judiciário, e o destas à Câmara de Vereadores. Assim, a Justiça comum decide

sobre os crimes de responsabilidade do Prefeito, e a Câmara, sobre a sua conduta governamental, em processos autônomos e em instâncias diferentes.[5]

Da mesma forma que a Lei nº 4.320/1964, esse decreto-lei provocou enorme impacto nas administrações municipais. Os procedimentos nele previstos para a imputação de crimes de responsabilidade a prefeitos e vereadores foram muitas vezes adotados no país. A aplicação da lei, com o consequente afastamento de prefeitos e vereadores, ocorreu em centenas de municípios. O Poder Judiciário, inúmeras vezes, discutiu a correta interpretação do decreto-lei e seus princípios moralizadores. O Judiciário passou a julgar, dessa forma, os crimes de responsabilidade praticados pelas autoridades municipais.

Em 1992, foi aprovada a Lei nº 8.429, que tratou de sanções aplicáveis aos agentes públicos nos casos de enriquecimento ilícito no exercício de mandato, cargo, emprego ou função da administração pública direta, indireta ou fundacional. Votada em junho de 1992, foi assinada pelo então presidente Collor, empenhado no combate aos marajás e aos desvios da administração pública. Procurou caracterizar, de forma detalhada, os comportamentos ilícitos dos agentes públicos ao praticarem atos de improbidade administrativa.

Em 2000, foi promulgada a Lei Complementar (LC) nº 101, que dispõe sobre normas voltadas para a responsabilidade na gestão fiscal.

Essa lei complementar, denominada Lei de Responsabilidade Fiscal (LRF), representou enorme avanço para o direito financeiro. Não alterou basicamente a sistemática da elaboração e aprovação dos orçamentos bem como as normas de execução orçamentária, mas introduziu novos critérios para a alocação dos recursos públicos, disciplinando limites de gastos correntes, reforçando o planejamento como instrumento fundamental para a elaboração do or-

---

[5] MEIRELLES, Hely Lopes. *Direito municipal brasileiro*. São Paulo: Revista dos Tribunais, 1977. p. 904.

çamento e, igualmente, disciplinando a contratação de operações de crédito e endividamento dos diversos órgãos públicos.

Mais do que a formal preocupação em definir atos de improbidade administrativa ou procurar caracterizar comportamentos ilícitos, o que já estava suficientemente tratado nas leis em vigor, a LRF procurou adequar os gastos públicos a uma política de austeridade, para enfrentar a crise financeira em que, àquela época, já viviam as administrações estaduais e municipais. Representou, inegavelmente, um engessamento dos orçamentos e gastos públicos, necessário para a recomposição da capacidade de pagamento da administração pública.

A LC nº 101/2000 tratou dos seguintes temas:
a) normas sobre a elaboração da lei de diretrizes orçamentárias;
b) procedimentos para se assegurar o cumprimento das metas estabelecidas para a execução orçamentária;
c) procedimentos a serem observados nos casos de renúncia de receita;
d) critérios para a autorização de despesas de modo a não comprometer o cumprimento do orçamento;
e) limites para as despesas de pessoal e da seguridade social;
f) procedimentos para serem efetuadas as transferências voluntárias;
g) limites da dívida pública e contratação de operações de crédito; e
h) relatórios de gestão fiscal e da execução orçamentária.

A preocupação maior da nova lei foi com o controle e transparência dos gastos públicos. Representou um enorme avanço na legislação e é fruto de intenso esforço de autoridades, especialmente da área financeira do governo federal, em dotar o país de um sistema mais eficiente para a gestão da despesa pública.

Quando da sanção da lei pelo presidente da República, o ministro Martus Tavares, um dos responsáveis pela condução do processo de discussão com o Congresso Nacional e com a sociedade acerca da importância e oportunidade da Lei de Reponsabilidade Fiscal, assim se expressou:

Hoje estamos inovando. Estamos sem dúvida caminhando na fronteira. A aprovação da Lei de Responsabilidade Fiscal nos coloca entre os países mais desenvolvidos em termos de institucionalização da disciplina fiscal [...]. Sentimos a necessidade de avançar mais, ir além da fixação e cumprimento de metas fiscais. Sentimos a necessidade de aprovar princípios, normas e limites para orientar a ação das autoridades governamentais dos três Poderes, nas três esferas de governo, de modo a criar uma cultura de responsabilidade fiscal, baseada na prudência e na transparência. Estamos gerando uma ruptura na história politico-administrativa do País.[6]

No ano de 2000 foram aprovadas cinco emendas constitucionais que trouxeram novas disposições a serem observadas na aplicação de recursos públicos. A Emenda Constitucional nº 25 tratou de estabelecer limites para as despesas com o Legislativo municipal. A Emenda Constitucional nº 27 instituiu a desvinculação de receitas da União (DRU), reduzindo a necessidade de serem respeitadas, para certas receitas, as vinculações constitucionalmente estabelecidas. A Emenda Constitucional nº 29 estabeleceu a obrigatoriedade de serem realizados gastos mínimos com a saúde. A Emenda Constitucional nº 30 tratou do pagamento de precatórios judiciais. E a Emenda Constitucional nº 31 criou o Fundo de Combate e Erradicação da Pobreza.

Em 2000, com a aprovação da Lei nº 10.028, foi incorporado ao Código Penal um novo capítulo, prevendo as hipóteses de crimes contra as finanças públicas, a saber:
    a) contratação de operação de crédito de forma irregular;
    b) inscrição de despesas não empenhadas em restos a pagar;
    c) assunção de obrigação no último ano do mandato ou da legislatura sem disponibilidade de verbas para pagamento;
    d) ordenação de despesa não autorizada;

---

[6] Discurso disponível no *site* do Ministério do Planejamento <www.planejamento.gov.br/assuntos/orcamento/lei-de-responsabilidade-fiscal/sancao-da-lei/080807_pub_lrf_discurso>. Acesso em 12 jan. 2015.

e) prestação de garantia graciosa em operação de crédito (sem contragarantia);
f) não cancelamento de restos a pagar;
g) aumento de despesa total com pessoal no último ano do mandato ou da legislatura; e
h) oferta pública ou colocação de títulos irregulares de dívida pública no mercado.

Essa lei ampliou também a enumeração de atos praticados por autoridades públicas que caracterizam crimes de responsabilidade, nos termos da legislação anteriormente aprovada, em 1950.

Em 2001, foram aprovadas as leis complementares nº 108 e nº 109, com o objetivo de tratar dos regimes da previdência privada de caráter complementar, conforme estabelece o art. 202 e seu § 4º da Constituição. Ainda em 2001, foi aprovada a LC nº 111, que tratou do Fundo de Combate e de Erradicação da Pobreza.

Em 2002, a Emenda Constitucional nº 37 tratou novamente dos precatórios judiciais.

A Emenda Constitucional nº 43, aprovada em 2004, prorrogou o prazo para aplicação de recursos federais em irrigação. Também em 2004, a Emenda Constitucional nº 44 estabeleceu a participação dos estados e do Distrito Federal no produto da arrecadação da Contribuição de intervenção no domínio econômico incidente sobre as operações realizadas com combustíveis (Cide/combustíveis).

Em 2006, a Emenda Constitucional nº 53 trouxe novas regras para a aplicação de recursos em educação, com a criação de um fundo especial, o Fundo de Manutenção e Desenvolvimento da Educação Básica (Fundeb), que passou a contar com recursos dos estados e municípios, complementados por recursos federais.

Em 2007, a Emenda Constitucional nº 55 aumentou a participação de estados e municípios no Fundo de Participação dos Estados (FPE) e no Fundo de Participação dos Municípios (FPM).

Em 2009, foi aprovada a LC nº 131, que alterou alguns artigos da LC nº 101/2000. As alterações aperfeiçoaram o sistema de responsabilidade fiscal em função da experiência já adquirida pelo país. Essa lei determinou a liberação, em tempo real, de informações pormenorizadas sobre a execução orçamentária e financeira da União, Distrito Federal, estados e municípios. Representou um avanço na procura pela transparência dos gastos públicos.

Foram também aprovadas, em 2009, a Emenda Constitucional nº 58, que estabeleceu limites para os gastos do Legislativo municipal, a Emenda Constitucional nº 59, que tratou do Fundeb, e a Emenda Constitucional nº 62, que tratou, mais uma vez, dos precatórios judiciais.

Em 2010, a Emenda Constitucional nº 67 prorrogou, por tempo indeterminado, o prazo de vigência do Fundo de Combate e Erradicação da Pobreza.

Em 2011, a Emenda Constitucional nº 68 prorrogou a DRU até o exercício de 2015.

Em 2012, foi aprovada a LC nº 141, que estabeleceu normas relativas aos gastos com saúde e critérios a serem observados para o atendimento aos limites de gastos fixados pela LC nº 101/2000.

Em 2013, a LC nº 143 estabeleceu, após intensas e demoradas discussões com os estados, critérios para rateio dos recursos do FPE no produto da arrecadação de impostos federais.

Essas são as mais relevantes normas federais que tratam do direito financeiro.

Nota-se, pela quantidade de emendas constitucionais e leis complementares aprovadas, especialmente após a LRF, em 2000, uma preocupação bastante grande em estabelecer parâmetros minuciosos e detalhados para os gastos públicos, direcionando, de forma objetiva, os gastos para certos programas de caráter social.

Questionamento da constitucionalidade da LC nº 101/2000 no Supremo Tribunal Federal (STF)

Por meio da Ação Direta de Inconstitucionalidade (Adin) nº 2.238-5/DF, apresentada ao STF, os partidos políticos PC do B, PT e PSB questionaram a constitucionalidade da LRF, tanto na sua totalidade, por violar o processo legislativo definido na Constituição, quanto com relação a 24 de seus dispositivos, por contrariarem, segundo os autores, princípios constitucionais, como o da federação e o da separação de poderes.

O STF rejeitou a maioria das alegações apresentadas, mas deferiu liminar suspendendo a aplicação dos seguintes parágrafos e expressões:
a) art. 9º, § 3º;
b) art. 12, § 2º;
c) expressão "quanto pela redução dos valores a eles atribuídos" do § 1º do art. 23; e
d) art. 23, § 2º.

É importante mencionar que a decisão do STF veio reconhecer a constitucionalidade da LRF. As liminares concedidas aplicam-se a poucas disposições, que não afetam o conjunto de princípios e regras inovadoras por ela estabelecidas.

O ponto mais polêmico discutido pelo STF diz respeito ao estabelecimento de limites para a despesa com pessoal. O art. 20 da LC nº 101/2000, além de estabelecer limite global para tais despesas para União, estados, Distrito Federal e municípios, fixou percentuais para tais despesas para cada um dos poderes — Executivo, Legislativo, Judiciário — e também para o Ministério Público. Discutiu-se se tal desdobramento, isto é, fixar limites para cada um dos poderes não conflitava com o princípio de autonomia dos entes federados. Entendeu o STF, por seis votos a cinco, que tal dispositivo era conflitante com os princípios da federação.[7]

Aperfeiçoamento do marco legal

Verifica-se que há um enorme esforço empreendido nas últimas décadas para o aperfeiçoamento do marco legal das finanças pú-

---

[7] Acórdão da medida cautelar em Ação Direta de Inconstitucionalidade nº 2.238-5/DF. Tribunal Pleno, em 9 de agosto de 2007.

blicas no Brasil. Vale registrar os comentários inseridos no *Manual de demonstrativos fiscais* elaborado pela Secretaria do Tesouro Nacional (STN) do Ministério da Fazenda:

A segunda metade da década de 80 foi marcada pelo reordenamento das finanças públicas do País, momento em que se destacaram três grandes conquistas: A criação da Secretaria do Tesouro Nacional — STN (1986), a implantação do Sistema Integrado de Administração Financeira do Governo Federal — SIAFI (1987) e a instituição da Conta Única do Tesouro Nacional (1988).

A chegada do novo milênio viu surgir novas ações em prol da modernização e da austeridade na contabilidade e na gestão das finanças públicas, destacando-se a promulgação da Lei de Responsabilidade Fiscal — LRF (2000), o início do processo de convergência das práticas de contabilidade do setor público brasileiro às normas internacionais de contabilidade (2008) e a edição da LC 131/2009, popularmente conhecida como Lei da Transparência.

Nesse contexto, a STN criou, por meio das Portarias 135 e 136, de 6 de março de 2007, atualizadas por meio das Portarias 109 e 110 de 21 de fevereiro de 2011, os Grupos Técnicos de Padronização de Relatórios e de Procedimentos Contábeis, cujo objetivo é propor recomendações baseadas no diálogo permanente, com a finalidade de reduzir divergências e duplicidades, em benefício da transparência da gestão fiscal, da racionalização de custos nos entes da Federação e do controle social de forma a exercer, em caráter supletivo, as funções do Conselho de Gestão Fiscal para fins de consolidação das contas públicas. As recomendações dos grupos técnicos continuam sendo os pilares do processo de aperfeiçoamento do Manual de Demonstrativos Fiscais. Debruçaram-se nesse processo, em pouco mais de um ano, diversas instituições públicas e da sociedade civil organizada, além de diversas coordenações gerais da STN, cujas participações são dignas de destaque.

Da parte da STN, o estabelecimento de padrões contábeis e fiscais contribuirá para a melhoria da consolidação das contas públicas conforme previsto na LRF. A STN tem consciência do alcance e da dimensão desse empreendimento, cujo sucesso tem sido resultado das parcerias e debates acima destacados e que são materializados nas partes I — Anexo de Riscos Fiscais, II — Anexo de Metas Fiscais, III — Relatório Resumido da Execução Orçamentária e IV — Relatório de Gestão Fiscal, representando, assim, mais um passo para a implementação de um novo modelo de contabilidade pública a ser implantado no país e para o aperfeiçoamento da gestão fiscal responsável.

Tem-se, portanto, em andamento, um expressivo conjunto de iniciativas que deverá acelerar o processo de evolução dos instrumentos de gestão das finanças públicas no país. O desafio tem sido grande, mas, com o apoio das instituições públicas e da sociedade civil organizada, e sempre amparados nos princípios regulamentares da administração pública, não se deve ter dúvida de que o país conseguirá vencer mais esse desafio.[8]

É forçoso reconhecer que a legislação brasileira está se aperfeiçoando. É preciso reconhecer que enormes passos foram dados para o controle dos gastos públicos. Entretanto, vivemos momentos em que há enorme descrença na eficácia desses instrumentos, haja vista a continuada revelação de irregularidades ocorridas na gestão dos recursos públicos.

O problema talvez não seja a falta de instrumentos legais de controle, que, constatamos, existem e são coerentes. Pode persistir devido à incapacidade de sua aplicação pelos que dirigem a administração pública, ou talvez pela indiferença e apatia da sociedade em geral em relação a tais problemas. São indagações ainda presentes e que preocupam os estudiosos e os que procuram atuar na administração pública.

Em interessante trabalho publicado no final de 2013 os professores Fernando Rezende e Armando Cunha fazem detalhado estudo acerca da execução orçamentária nos últimos anos, após a apro-

---

[8] MINISTÉRIO DA FAZENDA. Secretaria do Tesouro Nacional (STN). *Manual de demonstrativos fiscais*. 5. ed. Brasília, DF: STN, 2012b. p. 1-2. Aprovado pela Portaria nº 637, de 18 de outubro de 2012.

vação da Constituição de 1988 e das principais leis que passaram a regulamentar a elaboração, aprovação e execução do orçamento.

Apontam os autores que, apesar da existência de modernos instrumentos de gestão fiscal, diversos problemas surgiram para impedir maiores avanços nesse setor. Fazem análise do cenário macroeconômico, que exigiu medidas fortes do governo federal, e da necessidade de responder a demandas pelo atendimento a direitos sociais concedidos pela Constituição a camadas menos favorecidas da população. Mencionam, ainda, a pressão de estados e municípios para a obtenção de recursos, na esteira das reformas do federalismo brasileiro decorrentes da nova Constituição.

Nesse cenário, o orçamento passou a ser não um instrumento de planejamento voltado para a execução de políticas públicas predefinidas, mas um documento de acomodação das pressões que vieram da classe política e das lideranças populares. Os recursos disponíveis, na visão dos autores, são insuficientes para atender essa realidade. Dizem eles:

> Em face das distorções que o processo orçamentário brasileiro foi acumulando ao longo das últimas décadas, é impossível responder afirmativamente a qualquer das perguntas formuladas [acerca do processo orçamentário], o que implica a existência de enormes barreiras ao alcance do objetivo de melhorar a eficiência e a eficácia da gestão pública. Questões como o desequilíbrio na repartição de recursos, a irregularidade na execução orçamentária, a prevalência de uma visão setorial na gestão das políticas públicas, a má qualidade dos projetos e ausência de garantias de continuidade dos investimentos impedem que o gestor governamental possa administrar com competência seus programas. Não se trata de falta de conhecimento sobre o que precisa ser feito e, sim, de ausência de condições efetivas para uma gestão eficiente.[9]

---

[9] REZENDE, Fernando; CUNHA, Armando. *A reforma esquecida*: orçamento, gestão pública e desenvolvimento. Rio de Janeiro: FGV, 2013. p. 67.

Rezende e Cunha analisam algumas das deficiências observadas na execução dos orçamentos nesse período, como o encurtamento da perspectiva temporal da política orçamentária, as incertezas quanto às previsões de receitas, a existência de controles sobre a liberação de recursos, a inexistência de um sistema de acompanhamento da execução dos projetos, e a não definição de uma visão estratégica nas escolhas sobre a alocação de recursos orçamentários. Nesse trabalho fica demonstrado, como mencionam os autores, que

> muito pouco é decidido durante o processo de elaboração e aprovação do orçamento. A quase totalidade dos recursos já está previamente comprometida com o atendimento de direitos inscritos no texto constitucional ou em outras normas legais.[10]

Disposições constitucionais em matéria de finanças públicas

Preocupado em definir regras a respeito das finanças públicas, o legislador constituinte brasileiro tratou de incluir inúmeras disposições na Constituição de 1988 a respeito do direito financeiro. Alguns estudiosos podem questionar a conveniência de se ter dado tratamento tão rígido ao tema, que é disciplinado detalhadamente no texto da Constituição. Entretanto, a inclusão de tantas disposições na Constituição Federal talvez seja reflexo da preocupação, que é visível na sociedade, em se controlar o gasto público.

Essas disposições encontram-se previstas no texto da Constituição Federal, em sua maioria no capítulo das "Finanças públicas",[11] que se encontra no título VI, que trata da *tributação e do orçamento*. Outros, referentes à fiscalização financeira e orçamentária, encontram-se no capítulo sobre o "Poder Legislativo".[12]

---

[10] Ibid., p. 67.
[11] Arts. 163 a 169 da CRFB/1988.
[12] Arts. 70 a 75 da CRFB/1988.

São disposições bastante claras e que servem de balizamento para a legislação de caráter financeiro a ser estabelecida pela União, estados e municípios.

Vale ressaltar a previsão constitucional:

a) do orçamento público como instrumento de planejamento, elaborado e proposto pelo Executivo e aprovado pelo Legislativo;

b) da previsão de um ciclo orçamentário: Plano Plurianual (PPA), Lei de Diretrizes Orçamentárias (LDO) e Lei Orçamentária Anual (LOA);

c) da necessidade de respeito ao orçamento;

d) de normas especiais sobre a despesa pública, prevendo certos limites para gastos com pessoal, saúde, educação e pagamento de dívidas, inclusive decorrentes de precatórios judiciais;

e) de normas especiais sobre a receita, estabelecendo certas vinculações; e

f) de normas que cuidam de estabelecer mecanismos de controle a respeito da gestão financeira da União, estados, Distrito Federal e municípios.

A Constituição estabelece que deve haver uma lei complementar federal que disponha sobre finanças públicas. Essa norma será de cumprimento obrigatório pela União, estados, Distrito Federal e municípios, que poderão, no exercício de suas competências próprias, estabelecer outras disposições a respeito. Tais disposições não poderão conflitar com o disposto na lei complementar federal.

O entendimento consagrado pela doutrina e pelo Judiciário foi o de que a LC nº 101/2000 (LRF), cumpre esse objetivo. A Lei nº 4.320/1964 foi mantida, sendo considerados revogados dispositivos que conflitem com a nova legislação. E essa lei passou a ser considerada também lei complementar sobre finanças públicas. As duas leis coexistem, prevalecendo, em caso de tratamento diferente, os mandamentos da nova lei, aprovada em 2000.

Um exame cuidadoso do texto da Constituição de 1988, com as inúmeras emendas até agora aprovadas, mostra como são numerosas as disposições que tratam do direito financeiro. Poderemos dizer que temos um "direito constitucional financeiro" no Brasil.

Capítulo 2

Orçamento público

Regime constitucional do orçamento público

Várias disposições que tratam do conceito e compreensão do orçamento público estão no texto constitucional. O orçamento representa, no direito público, um dos mais importantes instrumentos para o exercício da democracia e da adoção de uma decisão compartilhada entre os poderes Executivo e Legislativo a respeito da política de financiamento do Estado e aplicação de recursos financeiros. Na administração privada, a adoção de um orçamento e sua execução representam técnicas de boa administração, de utilização facultativa. No setor público, a aprovação prévia de um orçamento anual e sua execução são obrigatórias e decorrem de determinação constitucional.

Anualmente o Poder Executivo deve preparar e encaminhar ao Poder Legislativo uma proposta orçamentária para discussão e aprovação. É de competência do Executivo a iniciativa da lei orçamentária anual.[13]

É vedada a edição de medidas provisórias sobre planos anuais, diretrizes orçamentárias, orçamentos e créditos adicionais e suplementares.[14] A discussão de matéria orçamentária não pode ser feita pelo procedimento especial das medidas provisórias, que tem efeitos imediatos, mesmo antes da manifestação do Poder Legislativo.

---

[13] Art. 165 *caput*, da CRFB/1988.
[14] Art. 62, § 1º, I, "d", da CRFB/1988.

O orçamento deve prever as receitas e despesas dos diversos poderes do Estado. Inicialmente o orçamento deveria conter previsões a respeito de um ano apenas, o exercício seguinte ao de sua aprovação. Modernamente a elaboração do orçamento se faz levando-se em conta previsões que ultrapassam o exercício seguinte, especialmente as despesas com investimentos e com programas de duração continuada. E diversos documentos que devem ser elaborados e discutidos no processo de aprovação do orçamento tratam de informações a respeito de receitas e despesas de exercícios passados e de previsões para exercícios seguintes. A lei orçamentária continua a ser anual, mas tem efeitos que ultrapassam a duração do exercício. Integra-se, dessa maneira, a um processo de planejamento que deve ser plurianual.

O envio da proposta orçamentária deve ser precedido pela aprovação de uma lei de diretrizes orçamentárias, que compreenderá as metas e prioridades da administração pública, incluindo as despesas de capital para o exercício financeiro subsequente.[15]

A lei de diretrizes orientará a elaboração da lei orçamentária. Disporá sobre as alterações na legislação tributária e estabelecerá uma política de aplicação das agências financeiras oficiais de fomento. Ela deve nortear a elaboração da proposta orçamentária.

A lei de diretrizes deve ser aprovada no primeiro semestre do exercício anterior. A proposta de orçamento anual deve ser encaminhada ao Legislativo no segundo semestre e deve ser discutida e aprovada até o final do exercício anterior.

A lei orçamentária anual compreenderá o orçamento fiscal, o orçamento de investimento das empresas em que a União detenha a maioria do capital com direito a voto e o orçamento da seguridade social.[16] Não se trata da aprovação de três orçamentos distintos, mas de uma separação das informações, na lei orçamentária anual, a respeito das receitas e despesas conforme sua natureza.

---

[15] Art. 165, § 2º, da CRFB/1988.
[16] Art. 165, § 5º, da CRFB/1988.

A proposta do orçamento de seguridade social, que deverá compreender as receitas e despesas relativas às atividades do governo destinadas a assegurar a previdência, a saúde e a assistência social, será elaborada de forma integrada pelos órgãos responsáveis por tais atividades, tendo em vista metas e prioridades estabelecidas na lei de diretrizes orçamentárias, assegurada a cada área a gestão de seus recursos [17]

Uma das mais importantes inovações em matéria de orçamento público, no Brasil, foi a previsão de um orçamento para a seguridade social, que deve ser financiada por recursos provenientes dos orçamentos da União e das contribuições sociais especialmente criadas para tal fim, como a contribuição previdenciária para o INSS, o PIS, a Cofins e a CSLL. Essa previsão constitucional tem o objetivo de tornar bastante transparente o gasto público com a seguridade social.

Nenhum benefício ou serviço de seguridade social poderá ser criado, majorado ou estendido sem a correspondente fonte de custeio total.[18]

Infelizmente a elaboração de um orçamento específico para a seguridade social, sua execução transparente e equilibrada são práticas que não estão sendo adotadas. Os sucessivos déficits da previdência e a insuficiência dos gastos com a saúde pública têm sido cobertos por outras fontes de recursos, tirados do orçamento fiscal. Isso impede uma análise mais objetiva da política e do gasto público com a seguridade social, cujos valores estão atingindo, no Brasil, números bastante elevados.

Vale observar, ainda, a previsão para que a lei defina critérios de transferência de recursos para o Sistema Único de Saúde (SUS) e para as ações de assistência social da União para os estados, o Distrito Federal e os municípios e dos estados para os municípios, observada a respectiva contrapartida de recursos.[19] É vedada a utilização dos recursos provenientes da arrecadação da contribuição

---

[17] Art. 195, § 2º, da CRFB/1988.
[18] Art. 195, § 5º, da CRFB/1988.
[19] Art. 195, § 10, da CRFB/1988.

previdenciária para a realização de despesas distintas dos pagamentos de benefícios do regime geral de previdência social.[20]

A proposta orçamentária anual deve ser acompanhada de um plano plurianual para as despesas de capital e outras delas decorrentes. Esse plano deve estabelecer, de forma regionalizada, as diretrizes, objetivos e metas da administração pública para as despesas de capital e para as despesas de duração continuada.[21]

Nenhum investimento cuja execução ultrapasse um exercício financeiro poderá ser iniciado sem prévia inclusão no plano plurianual ou sem lei que autorize sua inclusão, sob pena de crime de responsabilidade.[22]

A lei orçamentária anual não conterá dispositivo estranho à previsão de receita e à fixação de despesa, não se incluindo na proibição a autorização para abertura de créditos suplementares e contratação de operações de crédito, ainda que por antecipação de receita, nos termos da lei.[23]

O projeto de lei orçamentária será acompanhado de demonstrativo regionalizado do efeito, sobre as receitas e despesas, decorrente de isenções, anistias, remissões, subsídios e benefícios de natureza financeira, tributária e creditícia. Trata-se do demonstrativo de gastos tributários que identifica e analisa os efeitos da renúncia fiscal e da concessão de subsídios.[24]

Há disposições no texto constitucional sobre o processo de discussão e aprovação do orçamento, bem como sobre sua execução e eventual alteração.

Haverá uma Comissão Mista do Orçamento, constituída por senadores e deputados, que examinará e emitirá parecer sobre os projetos da lei de diretrizes orçamentárias, da lei orçamentária e sobre as contas apresentadas pelo presidente da República.

---

[20] Art. 167, inciso XI, da CRFB/1988.
[21] Art. 165, § 1º, da CRFB/1988.
[22] Art. 167, § 1º, da CRFB/1988.
[23] Art. 165, § 8º, da CRFB/1988.
[24] Art. 165, § 6º, da CRFB/1988.

Essa comissão, de caráter permanente, deverá também exercer o acompanhamento e a fiscalização do orçamento.[25]

As emendas ao projeto de lei orçamentária serão apresentadas na comissão mista, que sobre elas emitirá parecer. As emendas somente poderão ser aprovadas se forem compatíveis com a lei de diretrizes orçamentárias e com o plano plurianual, e se indicarem os recursos necessários para seu atendimento, admitidos apenas recursos provenientes de anulação de despesas. São vedadas as anulações de despesas que incidam sobre dotação de pessoal e seus encargos, serviço da dívida ou transferências tributárias constitucionais para estados, Distrito Federal e municípios.[26]

Créditos adicionais poderão ser abertos por leis específicas. A lei orçamentária pode autorizar o Executivo, dentro de certos limites, e mesmo sem a necessidade de prévia consulta ao Legislativo, a fazer alteração no valor dos créditos orçamentários.

Os créditos adicionais podem ser créditos suplementares, especiais ou extraordinários.[27] A abertura de crédito suplementar ou especial somente pode ser feita com a indicação dos recursos correspondentes. E a abertura de crédito extraordinário somente poderá ser feita para atender a despesas imprevisíveis e urgentes, como as decorrentes de guerra, comoção intestina ou calamidade pública.

É vedada a transposição, o remanejamento ou a transferência de recurso de uma categoria de programação para outra, ou de um órgão para outro, sem prévia autorização legislativa.[28]

O Poder Executivo deve publicar, até 30 dias após o encerramento de cada bimestre, relatório resumido da execução orçamentária. Tal relatório visa dar publicidade às contas públicas e indicar em que medida o orçamento está sendo realizado.[29] Tal prática,

---

[25] Art. 166, § 1º, da CRFB/1988.
[26] Art.166, § 3º, da CRFB/1988.
[27] Art. 165, § 8º; art. 167, V; art. 167, §§ 2º e 3º, da CRFB/1988. Tais créditos são previstos nos arts. 40 e 41 da Lei nº 4.320/1964.
[28] Art. 167, VI, da CRFB/1988.
[29] Art. 165, § 3º, da CRFB/1988.

a ser adotada pela União, estados, municípios e DF, assegura a publicidade da execução orçamentária.

O ciclo orçamentário

Podemos dizer que há um ciclo orçamentário definido no sistema constitucional. Esse ciclo passa por três momentos em que são discutidos e aprovados três documentos, a saber, o Plano Plurianual para despesas de capital (PPA), de efeito plurianual; a Lei de Diretrizes Orçamentárias (LDO), de efeito anual; e a Lei Orçamentária Anual (LOA). Todos devem ser compatíveis. As despesas de capital devem estar no PPA, e a LOA deve respeitar o PPA e a LDO.

O orçamento público, nas palavras de Aliomar Baleeiro, é

> o ato pelo qual o Poder Legislativo prevê e autoriza o Poder Executivo, por certo período e em pormenor, as despesas destinadas ao funcionamento dos serviços públicos e outros fins adotados pela política econômica ou geral do país, assim como a arrecadação das receitas já criadas em lei.[30]

Tal conceito, clássico na doutrina do direito financeiro, aplica-se hoje a apenas um dos aspectos do chamado ciclo orçamentário, ou seja, a LOA. A evolução do direito financeiro introduziu dois novos institutos que, juntamente com a LOA, formam o ciclo orçamentário. São o PPA e a LDO.

São novos institutos com objetivos distintos. O PPA cuida de identificar previamente, por um intervalo de tempo que não é apenas o de um ano, mas de três anos, as despesas de capital previstas, isto é, os investimentos a serem feitos com recursos orçamentários não apenas no exercício a que se refere a LOA. A LDO cobre apenas o exercício a que refere a LOA. Precede a elaboração da LOA,

---

[30] BALEEIRO, Aliomar. *Uma introdução à ciência das finanças*, Rio de Janeiro: Forense, 2004.

fixa diretrizes, metas, critérios que devem ser respeitados em seu processo de elaboração e aprovação.

A Lei de Responsabilidade Fiscal (LRF) pretendia estabelecer, em artigo específico, normas a respeito do PPA,[31] porém tal dispositivo foi vetado pelo Executivo. Não há, dessa forma, dispositivo legal, em nível federal e complementar, que cuide de fixar critérios para sua elaboração e aprovação.

Os princípios orçamentários

Muito já se escreveu a respeito do orçamento público. É instituto de fundamental importância na consolidação do estado democrático. É instrumento de balizamento e controle da ação estatal. Ao orçamento, a doutrina costuma associar inúmeros princípios:

a) *exclusividade* — o orçamento deve cuidar exclusivamente das receitas e das despesas, bem como de mecanismos para controle de sua execução;

b) *programação* — as receitas e despesas devem ser classificadas apropriadamente. As despesas devem ser indicadas por programas bem definidos aos quais se possam associar metas e indicadores de desempenho;

c) *equilíbrio orçamentário* — em geral os orçamentos devem ser equilibrados. Entretanto, em certas situações, pode-se prever um orçamento deficitário, em que, por questões de políticas econômicas, seja desejável um déficit orçamentário;

d) *anualidade* — o orçamento deve abranger um intervalo de tempo — em geral, de um ano;

e) *unidade* — deve ser um apenas para cada esfera política. Temos um orçamento federal, um estadual e um municipal. A previsão do chamado orçamento da seguridade social representa apenas uma técnica de alocação de gastos e de receitas

---

[31] Art. 3º da LRF.

para a administração mais eficaz do sistema de seguridade social;
f) *universalidade* — deve conter todas as receitas e despesas do período;
g) *legalidade* — deve ser aprovado por lei e votado pelo Legislativo;
h) *transparência* — deve ser claro, transparente. Sua execução deve ser também transparente, sem artifícios ou mágicas "contábeis";
i) *publicidade* — é um documento público, devendo ser divulgado amplamente;
j) *não vinculação da receita de impostos* — a receita dos impostos destina-se a cobrir as despesas gerais do Estado. Não devem ser vinculadas a determinados gastos específicos;
k) *especialidade dos incentivos fiscais* — os incentivos fiscais devem ser objetivos e justificados;
l) *responsabilidade na gestão fiscal* — deve ser punida a infração à lei orçamentária;
m) *participação popular* — na medida do possível, deve ser procurada e estimulada a participação popular em sua elaboração e acompanhamento de execução.

A lei de diretrizes orçamentárias (LDO)

A partir da Constituição de 1988 (CRFB/1988), foi introduzida, em nosso sistema jurídico, a previsão de uma lei de diretrizes orçamentárias. A seu respeito, assim se manifestou Ricardo Lobo Torres em estudo sobre o orçamento:

> A lei de diretrizes orçamentárias tem, como o próprio orçamento anual, natureza formal. É simples orientação ou sinalização, de caráter anual, para a feitura do orçamento, devendo ser elaborada no primeiro semestre. Não cria direitos subjetivos para terceiros nem tem eficácia fora da relação entre os Poderes do Estado. Da

mesma forma que o plano plurianual, não vincula o Congresso Nacional quanto à elaboração da lei orçamentária, nem o obriga, se contiver disposições sobre alterações da lei tributária, a alterá-la efetivamente, nem o impede, no caso contrário, de instituir novas incidências fiscais, que isso significaria o retorno da reserva de iniciativa das leis que criam tributos ao Poder Executivo e conflitaria com o princípio da anterioridade definido no artigo 150, III.[32]

A observação feita por Ricardo Lobo Torres levanta uma questão relevante para definirmos os princípios constitucionais sobre o orçamento, especialmente sobre os efeitos da LDO. Suas disposições deverão ser obrigatoriamente acatadas na proposta orçamentária? Se a proposta orçamentária estabelecer disposições que conflitem com a LDO e essa proposta orçamentária for aprovada pelo Legislativo, tornando-se, dessa forma, nova lei, valerá a disposição da LOA? Ou o que estabeleceu a LDO deve ser necessariamente observado? A discussão do orçamento e sua aprovação podem contrariar as diretrizes previamente aprovadas pela LDO?

Eis uma questão a ser melhor interpretada em casos concretos. O que está aprovado na lei orçamentária anual deve prevalecer sobre a lei anterior. Dispositivos da LDO que tenham efeitos na execução orçamentária e que não tenham sido alterados pela lei do orçamento continuam a ter efeitos, não podendo ser descumpridos pelo Executivo. Mas a determinação de metas, normas sobre destinação de recursos e outras disposições constantes da lei de diretrizes que forem alteradas pela lei do orçamento perdem sua eficácia.

A LDO deve estabelecer princípios, critérios, limitações e procedimentos a serem observados no processo de apresentação, discussão e aprovação da proposta de orçamento e da execução orçamentária. A LDO antecede a LOA e deve ser aprovada, em princípio, antes do envio da proposta de orçamento para o Legislativo.

---

[32] TORRES, Ricardo Lobo. *O orçamento na Constituição*. Rio de Janeiro: Renovar, 1995. p. 55.

A LDO deve dispor sobre critérios a serem observados na LOA para que se obtenha o equilíbrio entre receitas e despesas, ou seja, para que haja equilíbrio orçamentário. Deve prever as situações em que, na execução do orçamento, possam ser efetuadas limitações de empenho. Deve prever normas sobre controle de custos nas obras de engenharia e construção civil, bem como na prestação de serviços. Deve prever mecanismos para a avaliação do resultado de programas. A LDO deve fixar critérios para a transferência de recursos para entidades privadas.

Verifica-se, dessa forma, que é uma lei de fundamental importância no ciclo orçamentário. Deve pautar a aprovação do orçamento e sua execução.

A LDO deve conter alguns anexos, que são documentos a serem analisados no processo de elaboração e discussão do orçamento anual:
a) anexo de metas fiscais;
b) anexo de riscos fiscais; e
c) anexo de renúncia de receitas.

O direito financeiro, mediante essa exigência, procurou forçar a administração a planejar sua atuação e a dar maior transparência a suas ações. O orçamento deixou de ser apenas uma peça contábil; Passou a ser um instrumento de fixação de objetivos e metas. Para isso, foram criados institutos e procedimentos que estão modernizando a gestão orçamentária e financeira da administração pública.

Na esfera federal, nos últimos anos, tem sido polêmica a discussão do projeto da LDO. Para o orçamento de 2012, tivemos a aprovação da LDO em agosto de 2011. Para o orçamento de 2013, tivemos a aprovação da LDO também em agosto, entretanto, essa lei foi alterada no início de 2013 para a correção do índice de reajuste de vencimentos de servidores públicos e para aumento do limite para redução do superávit primário. O governo federal se viu obrigado a propor tais alterações em virtude de decisão judicial, no caso do reajuste dos servidores, e devido a ajustes na economia, no caso de redução do superávit primário. Para o orçamento de 2014, a LDO foi aprovada apenas em novembro de 2013, tendo havido séria divergência entre parlamentares e o Executivo, o que retardou a sua aprovação. E ela foi aprovada com vetos pelo Executivo.

A LDO federal tem seguido, nos recentes exercícios, a seguinte estrutura:
1. Metas e prioridades.
2. Estrutura e organização do orçamento:
3. Diretrizes para elaboração e execução do orçamento:
   a) disposições sobre débitos judiciais;
   b) transferências para o setor privado;
   c) transferências voluntárias;
   d) empréstimos, financiamentos e refinanciamentos;
   e) diretrizes específicas para o orçamento da seguridade social;
   f) diretrizes específicas do orçamento de investimentos;
   g) alterações da LOA e da execução provisória do projeto de lei orçamentária; e
   h) disposições sobre as limitações orçamentárias e financeiras.
4. Disposições relativas à dívida pública federal.
5. Disposições relativas a despesas da União com pessoal e encargos.
6. Política de aplicação de recursos das agências financeiras oficiais de fomento.
7. Disposições sobre alteração da legislação e sua adequação orçamentária.
8. Disposições sobre fiscalização pelo Poder Legislativo e sobre as obras e serviços com indícios de irregularidades graves.
9. Anexos:
   a) anexo de metas fiscais, com descrição detalhada da renúncia fiscal;
   b) anexo de despesas que não serão objeto de limitações de empenho;
   c) anexo de riscos fiscais;

d) anexo de objetivos das políticas monetária, creditícia e cambial; e
e) anexo de prioridades e metas.

Somente por meio da experiência prática nos processos de discussão dos orçamentos públicos é que se conseguirá aperfeiçoar o chamado ciclo orçamentário. É tarefa do Poder Legislativo exigir do Executivo a preparação e o envio destas informações essenciais para uma análise compreensiva das receitas e das despesas públicas.

O orçamento impositivo

Interessante discussão tem se colocado recentemente na doutrina sobre os efeitos que devem ter as normas orçamentárias. Serão elas meramente autorizativas ou devem ter efeito impositivo? Em outras palavras, o Poder Executivo, através do orçamento, é apenas autorizado a efetuar gastos até os limites das dotações nele previstas ou deve obrigatoriamente efetuar tais gastos? Quando há uma previsão orçamentária para certa despesa, ela deve ser necessariamente realizada? Ou fica a critério do Executivo, a quem cabe a execução orçamentária, a realização da despesa?

As despesas dependem, para sua realização, de receitas. Estas são previstas no orçamento, mas sempre de forma estimada. Na execução orçamentária, através de diversos mecanismos, o Poder Executivo deve conciliar os gastos com os fluxos da receita. Para adequar receitas e despesas podem ser utilizados mecanismos como programação, fixação de duodécimos, contingenciamentos, proibição de empenhos etc. Há despesas que não podem ser, de maneira alguma, reduzidas, por exemplo, gastos correntes com pessoal e com a manutenção dos serviços públicos essenciais. E há outras despesas que podem não ser realizadas, apesar de previstas, como a de gastos com investimentos, melhorias salariais etc.

Se for dado ao orçamento o caráter impositivo, como poderá o Executivo agir nessas situações de inexistência de receitas?

Interessante análise a respeito do orçamento impositivo é feita em estudo do Ipea, em que são indicadas três possibilidades de se estabelecer um orçamento impositivo:

> Numa versão extrema trata-se de obrigar o governo a executar integralmente a programação orçamentária definida pelo Congresso Nacional. Numa versão intermediária, para a não execução de parte da programação, exige-se a anuência do Congresso. Versões mais flexíveis determinam a obrigatoriedade de implementar apenas parte do orçamento, deixando alguma margem para o Executivo decidir sobre a implementação ou não.[33]

No estudo, o autor destaca que no ano de 2003, se excluirmos da análise as despesas do governo federal consideradas vinculadas, como as transferências constitucionais, despesas com pessoal, benefícios previdenciários e outras, restam apenas 6% de despesas de livre disponibilidade do Executivo federal. Poderíamos então dizer que, na realidade, grande parte do orçamento já é impositivo, porque vinculado a despesas obrigatórias.

Em excelente monografia elaborada por Luís Felipe Valerim Pinheiro, é feito detalhado exame a respeito do caráter impositivo ou autorizativo da lei orçamentária. Será que a LOA gera direito subjetivo a possíveis interessados na execução do gasto público, direito esse que deveria ser reconhecido, se não efetuada a despesa correspondente, por decisão do Poder Judiciário? Indica o autor que recentes decisões do Supremo Tribunal Federal (STF) tendem a conceder caráter meramente autorizativo às disposições orçamentárias.[34]

---

[33] LIMA, Eduardo Carlos Pontes. Algumas observações sobre orçamento impositivo no Brasil. In: IPEA. *Planejamento e políticas públicas*. Brasília, DF: Ipea, jan./dez. 2003.
[34] PINHEIRO, Luis Felipe Valerim. *Orçamento impositivo*: fundamentos e limites jurídicos. Dissertação (mestrado) — Faculdade de Direito, Universidade de São Paulo, São Paulo, 2007. p. 168.

Está em discussão, no Congresso Nacional, proposta de emenda constitucional (PEC nº 565/2006) que torna impositiva a execução orçamentária e financeira no que diz respeito às emendas apresentadas pelos parlamentares ao projeto de lei orçamentária.

Os parlamentares, durante o processo de discussão do orçamento, apresentam emendas, as chamadas emendas parlamentares, que têm destinação específica para certas obras ou serviços. Com isso atendem a solicitações de suas "bases eleitorais". No orçamento federal de 2014, o total de despesas decorrentes dessas emendas parlamentares é de aproximadamente R$ 20 bilhões.

Entretanto, nos últimos anos, apesar de previstos nas leis orçamentárias, tais recursos acabavam não sendo destinados aos projetos e ações sugeridos pelos parlamentares. Na execução orçamentária, o Poder Executivo acabava utilizando a liberação dos recursos dependendo do "apoio recebido" dos parlamentares interessados nas emendas. Era parte do "jogo político" Congresso *versus* Executivo. Tal situação desagradava os membros do Poder Legislativo; daí a tentativa de se dar o caráter impositivo à execução dessas emendas, quer pela aprovação de proposta de emenda constitucional ou pela inserção de dispositivo na LDO.

Após intensa negociação entre o Executivo e o Congresso Nacional, foi aprovada, na LDO federal para 2014, a obrigatoriedade de execução das emendas parlamentares.

É obrigatória a execução orçamentária e financeira, de forma equitativa, da programação incluída por emendas individuais em lei orçamentária [...].

§ 1º. As emendas individuais [...] serão aprovadas no limite de 1,2% da receita corrente líquida prevista no projeto [...] sendo que a metade deste percentual será destinada a ações e serviços públicos na área de saúde.[35]

---

[35] Art. 52 da Lei de Diretrizes Orçamentárias para 2014 (Lei nº 12.919, de 24 de dezembro de 2013).

Tivemos, dessa maneira, uma primeira determinação legal que confere caráter impositivo a parte das despesas previstas no orçamento. Não atinge todo o orçamento, mas é despesa orçamentária, de caráter discricionário, que o Executivo tem de, obrigatoriamente, executar, salvo se dispensado pelo Poder Legislativo, mediante lei própria.

Capítulo 3

Receita pública

Para fazer face às despesas que o Estado deve assumir, é necessária a previsão de recursos financeiros das receitas públicas. O estudo das receitas públicas, espécies e regimes jurídicos de sua cobrança são objeto do direito financeiro. No passado as receitas que o Estado arrecadava eram, em muitos casos, fruto de atos de força (guerras e invasões) ou atos de determinações unilaterais das autoridades.

A formação do estado democrático, com respeito a normas jurídicas previamente discutidas e aprovadas, se alicerça na necessidade do respeito a certas regras fundamentais sobre as fontes de receita do Estado. Não pode a autoridade pública valer-se arbitrariamente de seu poder para arrecadar recursos financeiros de terceiros, cidadãos nacionais ou não, fora dos limites das normas jurídicas.

Daí a preocupação do direito financeiro em procurar identificar e classificar as receitas públicas, definindo o regime legal que condiciona sua arrecadação. Essa é uma preocupação do direito financeiro.

Vamos procurar identificar tais receitas e o quadro legal que, no Brasil, disciplina sua cobrança.

Receitas ou ingressos públicos

Uma primeira observação deve ser feita a respeito das características das receitas públicas. Muitos autores preferem restringir o uso do termo receitas para aqueles ingressos financeiros que entram no Tesouro, nos cofres públicos, em caráter definitivo. São receitas apenas os ingressos que não têm contrapartida no passivo. São receitas que entram no caixa do governo em caráter definitivo. Outros recursos, que entram no caixa do governo em caráter transitório, com contrapartida no passivo, seriam apenas movimentos de caixa, e não receitas. Temos, então, duas fontes de recursos, as receitas e os simples movimentos de caixa. Estes apenas passam, simplesmente transitam nos cofres públicos. São exemplos de tais recursos transitórios os empréstimos. São exemplos das receitas os tributos e outras rendas patrimoniais.

Essa discussão é interessante e é tratada em inúmeros trabalhos a respeito da ciência das finanças, no Brasil e no exterior.

Conforme tal interpretação, somente devem ser consideradas receitas aquelas entradas ou ingressos que preencham dois requisitos. O primeiro, que a entrada integre-se definitivamente ao patrimônio público, representando, de fato, elemento novo que o aumente. Nesse caso, há acréscimo ao patrimônio público, sem reservas. O segundo requisito, de certa forma complemento do primeiro, é o de que essa nova entrada de recursos financeiros não tenha correspondência no passivo. As receitas públicas não podem ter contrapartida no passivo, não podem estar condicionadas a uma obrigação de natureza financeira assumida pelo governo por ocasião de sua constituição.

Assim, de acordo com essa interpretação, acolhida por grande parte da doutrina, os ingressos que estivessem condicionados a restituição posterior não deveriam ser considerados receitas públicas. Também não deveriam ser considerados receitas públicas aqueles ingressos que representassem mera recuperação de valores anteriormente emprestados ou cedidos pelo governo. Tais recursos representariam meros movimentos de caixa. Seriam recursos que apenas transitariam provisoriamente pelo Tesouro. Não seriam, de fato, receitas.

Aliomar Baleeiro sugere a seguinte classificação das entradas ou ingressos públicos:

Quadro 1
Classificação das entradas ou ingressos públicos

Movimentos de fundo de caixa	a) empréstimos ao Tesouro b) restituição de empréstimo do Tesouro c) cauções, fianças, depósitos, indenizações, de direito civil, etc.
Receitas	
Originárias ou de economia privada, ou direito privado, ou voluntárias	
A título gratuito	a) doações puras e simples b) bens vacantes, prescrição aquisitiva, etc.
A título oneroso	a) doações e legados sob condição b) preços quase privados c) preços públicos d) preços políticos
Derivadas ou de economia pública, ou de direito público, ou coativas	
Tributos	a) taxas b) contribuições de melhorias c) impostos d) contribuições parafiscais
Multas, penalidades e confisco	
Reparações de guerra	

Fonte: Baleeiro (2004:131).

Receitas originárias e receitas derivadas

A expressão "receitas públicas", considerada em seu sentido estrito, refere-se apenas àqueles recursos financeiros que entram no patrimônio público sem correspondência no passivo.

As receitas públicas, consideradas em seu sentido estrito, podem ser as receitas originárias e as receitas derivadas.

As receitas originárias são decorrentes da exploração ou venda do patrimônio público. Têm origem em atos jurídicos de alguma forma relativos à exploração do patrimônio público, de bens públicos. O Estado é responsável pela manutenção do patrimônio público. O Estado é também proprietário de bens. Há bens públicos de uso comum do povo e bens públicos patrimoniais. O direito administrativo trata das relações jurídicas decorrentes do uso de bens públicos. Em algumas ocasiões, o Estado utiliza esse patrimônio de forma a obter receitas, como quando cede o uso de um terreno público de forma remunerada. Em outras ocasiões, o Estado utiliza seu patrimônio para prestar serviços públicos. Destaca recursos financeiros, realiza investimentos, adquire bens, usa bens de domínio público para prestar, nos termos da lei, serviços considerados de interesse público. O direito administrativo também trata dos serviços públicos, das regras a respeito de sua prestação, pelo Estado, de forma direta ou indireta, por particulares, mediante contratos de permissão e de concessão de serviços públicos.

No exercício dessas atividades o Estado arrecada recursos. São as receitas originárias, assim denominadas porque têm origem no patrimônio público. Como observa Aliomar Baleeiro:

> O primeiro grupo compreende as rendas provenientes dos bens e empresas comerciais do Estado, que os explora à semelhança de particulares, sem exercer os seus poderes de autoridade, nem imprimir coercitividade à exigência de pagamentos ou à utilização dos serviços que os justificam, embora, não raro, os institua em monopólios.[36]

As receitas derivadas são retiradas do patrimônio dos particulares, não do patrimônio público. Não têm origem no patrimônio público. Derivam do patrimônio de particulares. A espécie mais relevante das receitas derivadas é a receita dos tributos, que são pagos pelos particulares, com recursos de seu patrimônio, que, por determinação legal, devem ser transferidos para o Estado.

---

[36] BALEEIRO, Aliomar. *Uma introdução à ciência das finanças.* Rio de Janeiro: Forense, 2004. p. 127.

As receitas derivadas caracterizam-se por seu caráter impositivo. São instituídas por lei e independem de manifestação de vontade ou concordância dos que devem pagar. Também não se originam em atos ou negócios jurídicos que se relacionam com a exploração do patrimônio do Estado. Representam uma prestação compulsória imposta à sociedade para custear as atividades públicas. O poder público retira do patrimônio privado recursos que são necessários para custear as atividades estatais. Usa o poder soberano que lhe atribui o direito para determinar situações em que o particular é forçado a contribuir financeiramente com o Estado.

Dada sua importância na atualidade, a cobrança dos tributos encontra-se disciplinada em nível constitucional. Nas recentes constituições brasileiras, nota-se uma preocupação acentuada com a cobrança de tributos. Por um lado, com o objetivo de resguardar os interesses dos particulares e, especialmente seu patrimônio, são fixadas inúmeras limitações ao poder de tributar, que devem ser respeitadas pelo poder público. Da mesma forma, com o objetivo de repartir as competências tributárias entre os entes políticos da Federação e estruturar um sistema racional e eficiente de arrecadação dos tributos, são estabelecidas na Constituição regras a respeito das espécies tributárias e sua repartição entre União, estados membros, Distrito Federal (DF) e municípios.

Nas receitas derivadas verifica-se um constrangimento legal para sua arrecadação. São, assim, receitas coativas ou receitas de direito público.

Classificação das receitas públicas adotada pela legislação brasileira

A legislação brasileira não reconheceu, para efeito de classificação das receitas públicas, a distinção aceita pela doutrina entre movimentos de caixa e receitas. A Lei nº 4.320/1964, que representou enorme avanço no campo das finanças públicas, não levou em conta essa distinção conceitual. Para efeito de identificação das fontes de recursos do poder público, que devem ser previstas e incluídas nos orçamentos anuais, são colocados lado a lado receitas e empréstimos. Ambos são considerados receitas.

Como observa Kiyoshi Harada, comentando essa classificação legal:

> Conquanto não tenha definido expressamente o que seja receita pública, [...] [o] exame de seu artigo 11 e parágrafos permite identificá-la como tal todo ingresso de recursos financeiros ao tesouro público, com ou sem contrapartida no passivo e independentemente de aumento patrimonial.[37]

De acordo com a legislação, as receitas são classificadas por dois critérios. Primeiro, são classificadas por categorias econômicas: correntes ou de capital. De acordo com um segundo critério, por fontes. Todas as receitas correntes são classificadas de acordo com a fonte. Da mesma forma, todas as receitas de capital são classificadas e identificadas por fontes. Essa classificação é adotada, obrigatoriamente, nos orçamentos públicos.

A classificação por categorias econômicas prevê:
a) receitas correntes: as receitas tributária, patrimonial, industrial e diversa, e ainda as provenientes de recursos financeiros recebidos de outras pessoas de direito público ou privado, quando destinadas a atender a despesas classificáveis como despesas correntes; e
b) receitas de capital: as provenientes da realização de recursos financeiros oriundos de constituição de dívidas; da conversão em espécie de bens e direitos; os recursos recebidos de outras pessoas de direito público ou privados destinados a atender a despesas classificáveis em despesas de capital; e, ainda, o superávit do orçamento corrente.

---

[37] HARADA, Kiyoshi. *Direito financeiro e tributário*. São Paulo: Atlas, 2004. p. 64.

As receitas correntes compreendem, basicamente, as receitas decorrentes do poder impositivo do Estado, acima caracterizadas, bem como aquelas decorrentes da exploração de seu patrimônio e, ainda, as resultantes de exploração de atividades econômicas (comércio, indústria, agropecuária e serviços). E as receitas de capital compreendem, basicamente, recursos financeiros oriundos da constituição de dívidas e, ainda, as oriundas da conversão em espécie de bens e direitos.

Além dessa classificação econômica em receitas correntes e de capital, que, como visto, tem a ver com a natureza da receita pública, esta deve ser, também, classificada por fonte.

As receitas correntes podem ser:

a) *receitas tributárias* — são as provenientes da arrecadação de impostos, taxas e contribuições de melhoria. São receitas derivadas;

b) *receitas de contribuições* — são as provenientes da arrecadação das demais contribuições. De acordo com a classificação adotada atualmente, são as contribuições sociais, contribuições decorrentes de intervenção no domínio econômico, e contribuições instituídas no interesse de categorias profissionais ou econômicas. São, também, receitas derivadas;

c) *receitas patrimoniais* — são receitas originárias geradas pela exploração do patrimônio do Estado. Primeiro, do patrimônio mobiliário, como rendimentos de títulos de crédito e ações que representam parte do capital de empresas. São juros e dividendos. Segundo, do patrimônio imobiliário, como foros (contribuição anual dos que, em decorrência do contrato de enfiteuse, têm o domínio útil, perpétuo, de bem público), laudêmios (contribuição devida quando há transferência de domínio de imóvel em que há contrato de enfiteuse), taxas de ocupação de terrenos públicos (como calçadas, terrenos, vias públicas etc.). Essa utilização de bens públicos pode ser remunerada ou não, segundo dispõe

o Código Civil. Alguns autores, no entanto, sustentam que as autoridades públicas têm o dever de procurar a devida remuneração quando das situações de cessão de uso de bem público;
d) *receitas agropecuárias* — são receitas originárias decorrentes da atividade agropecuária exercida em fazendas do Estado. Essas receitas são resultado de atividade atípica do Estado, como venda de sementes, de sêmen animal, de madeira, ou mesmo de produtos agrícolas. Em vários municípios, atividades dessa natureza são desenvolvidas pelo poder público;
e) *receitas industriais* — são receitas decorrentes da atividade industrial exercida pelo Estado. Tais receitas são resultado de atividade que deve ser assumida pelo Estado apenas em caráter subsidiário da atividade privada;
f) *receitas de serviços* — são receitas decorrentes da atividade de prestação de serviços exercida pelo Estado;
g) *transferências correntes* — são receitas transferidas pela União a estados-membros e municípios e por estados-membros a municípios. Há transferências que devem ser feitas nos termos da Constituição. Estas são as denominadas transferências constitucionais. Há, também, as chamadas transferências voluntárias, feitas pela União e pelos estados-membros para estados e municípios; e
h) *outras receitas correntes* — são as demais formas de receitas correntes não classificáveis nas hipóteses anteriores.

De acordo com os critérios adotados pela legislação para a classificação das receitas públicas, há distinção entre as receitas tributárias e as receitas de contribuições. Na realidade, essa classificação é incorreta. As contribuições, ao lado dos impostos e das taxas, também são tributos. Diferem quanto a sua destinação. As contribuições têm destinação específica, enquanto o mesmo não ocorre com os impostos e também, na maioria das vezes, com as taxas. Assim, quando falamos de receita tributária englobamos os recursos classificados no orçamento como receita tributária e os recursos classificados como contribuições.

As receitas de capital são:

a) *operações de crédito* — são os recursos provenientes de operações de crédito efetuadas pelo poder público. Como discutido anteriormente, não são de fato receitas, mas simples movimento de caixa;

b) *alienação de bens* — são recursos provenientes da alienação de bens públicos. A alienação de bens somente pode ser feita observando-se critérios estabelecidos pela legislação que determina, em muitos casos, a necessidade de prévia licitação. As receitas decorrentes da exploração do patrimônio público, e não de sua alienação, são classificadas como receitas correntes industriais, agropecuárias ou de serviço;

c) *amortização de empréstimos* — são recursos que voltam ao Tesouro em decorrência de empréstimos anteriormente concedidos;

d) *transferências de capital* — são recursos transferidos, como as transferências correntes, porém classificados como de capital, em razão de sua destinação; e

e) *outras receitas de capital* — são as demais formas de receitas de capital não classificáveis nas hipóteses anteriores.

A classificação adotada pela Lei nº 4.320/1964 não segue os critérios adotados pela maior parte dos estudiosos de direito financeiro e de finanças públicas. Entretanto, esse critério vem sendo adotado pela administração pública brasileira, desde então.

O quadro 2 indica as receitas previstas no orçamento da União para o exercício de 2014.

Quadro 2
Anexo I do Orçamento Geral da União (2014)

Receita dos orçamentos fiscal e da seguridade social — por categoria econômica e fonte	
Receitas do tesouro	**R$ 1,00** **1.713.996.120.221**
Receitas correntes	**1.391.139.370.479**
Receita tributária	443.898.327.124
Receita de contribuições	720.733.758.348
Receita patrimonial	96.597.981.356
Receita agropecuária	635.507
Receita industrial	223.303.660
Receita de serviços	48.354.588.911
Outras receitas correntes	743.015.221
Receita tributária	85.474.981.722
Receitas de capital	**322.856.749.742**
Operações de crédito	196.363.662.604
Amortização de empréstimos	35.588.122.999
Alienação de bens	5.395.112.808
Transferências de capital	34.869.609
Outras receitas de capital	85.474.981.722
Receitas de outras fontes de entidades da administração pública federal indireta, inclusive fundos e fundações públicas	**14.434.930.020**
Receitas correntes	**13.486.313.097**
Receitas de capital	**948.616.923**
Subtotal	**1.728.431.050.241**
Refinanciamento da dívida pública	**654.746.947.069**
Operações de crédito internas	**654.746.947.069**
Títulos de responsabilidade do Tesouro Nacional — refinanciamento da dívida pública federal	654.746.947.069
Total	**2.383.177.997.310**

Fonte: Lei Orçamentária Anual (LOA)/2014.

Receita tributária

A receita tributária tem enorme importância para a administração pública no Brasil. É, conceitualmente, a fonte regular e mais adequada para o custeio das atividades do Estado. Depende, para sua arrecadação, do consentimento dos cidadãos, o que é dado por meio da aprovação das leis tributárias pelo Congresso Nacional, cujos membros são eleitos pelo voto popular, o que os legitima como representantes da vontade do povo. O princípio da legalidade, que consta da Constituição, determina que a criação e majoração de tributos somente pode ser feita após aprovação pelo Legislativo. No direito tributário, entre todos os princípios, o da legalidade é o mais importante. O respeito a esse princípio é obrigação do governo. O princípio da legalidade tributária está incluído entre os direitos fundamentais do cidadão.

O quadro 2, que indica as receitas orçamentárias da União previstas para 2014, mostra a relevância da receita tributária: *mais de R$ 1,1 trilhão*, incluindo as receitas tributárias e as receitas de contribuições, que também são tributos.

O Ministério da Fazenda, através da Receita Federal, tem elaborado e divulgado estatísticas a respeito da evolução da carga tributária no Brasil nos últimos anos. Esses estudos não se resumem a analisar a arrecadação apenas de tributos federais; consolidam dados obtidos pelas administrações estaduais e municipais. A série, disponível no *site* da Receita Federal, indica a evolução da arrecadação de tributos, tanto federais quanto estaduais e municipais, no país. Em dezembro de 2013 foi divulgado estudo a respeito da carga tributária no Brasil referente ao exercício de 2012. O total da receita tributária ultrapassou R$ 1,5 trilhão. Representou 35,85% do produto interno bruto (PIB). A série histórica, apresentada na figura 1, mostra constante elevação nos últimos anos, passando de 32,47% no ano de 2002 até o "pico" de 35,85% em 2012.

Figura 1
Evolução da carga tributária no Brasil

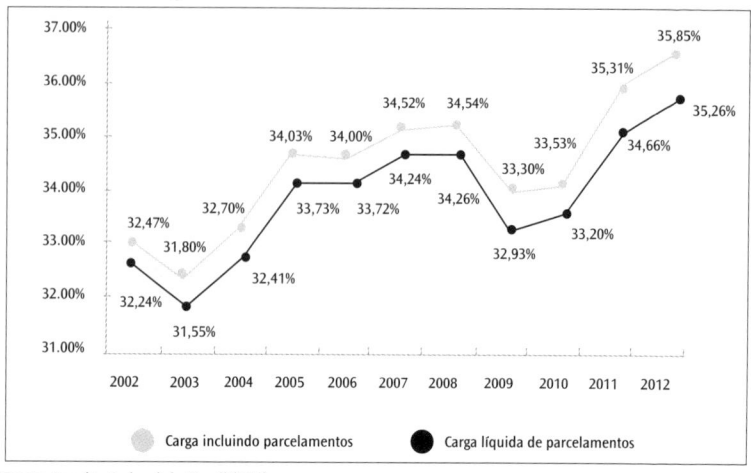

Ano	Carga incluindo parcelamentos	Carga líquida de parcelamentos
2002	32,47%	32,24%
2003	31,80%	31,55%
2004	32,70%	32,41%
2005	34,03%	33,73%
2006	34,00%	33,72%
2007	34,52%	34,24%
2008	34,54%	34,26%
2009	33,53%	32,93%
2010	33,30%	33,20%
2011	35,31%	34,66%
2012	35,85%	35,26%

Fonte: Receita Federal do Brasil (RFB).

Para efeitos de análise, a literatura a respeito de finanças públicas costuma comparar a carga tributária do Brasil com a de outros países. A figura 2 ilustra essa comparação.

Figura 2
Carga tributária no Brasil e em países da OCDE (2011)

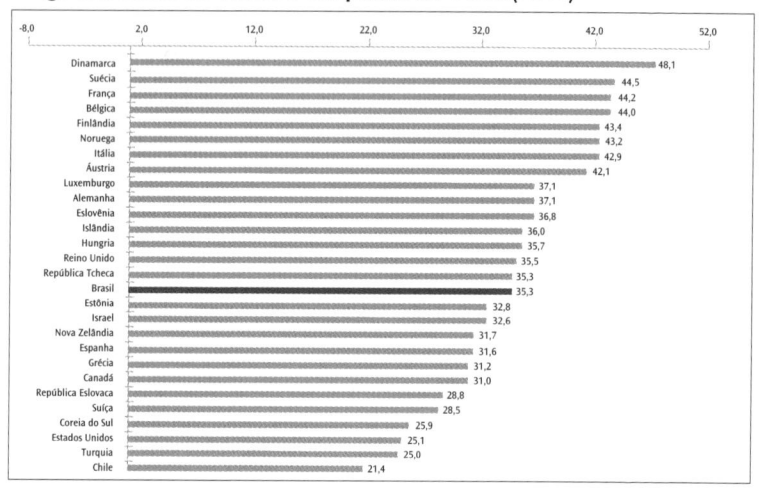

País	%
Dinamarca	48,1
Suécia	44,5
França	44,2
Bélgica	44,0
Finlândia	43,4
Noruega	43,2
Itália	42,9
Áustria	42,1
Luxemburgo	37,1
Alemanha	37,1
Eslovênia	36,8
Islândia	36,0
Hungria	35,7
Reino Unido	35,5
República Tcheca	35,3
Brasil	35,3
Estônia	32,8
Israel	32,6
Nova Zelândia	31,7
Espanha	31,6
Grécia	31,2
Canadá	31,0
República Eslovaca	28,8
Suíça	28,5
Coreia do Sul	25,9
Estados Unidos	25,1
Turquia	25,0
Chile	21,4

Fonte: Receita Federal do Brasil (RFB).

Essa análise, entretanto, precisa ser feita com certo cuidado para não se chegar a conclusões precipitadas. Há países em que a carga tributária, medida em percentagem do PIB, é superior à do Brasil. E há países em que essa carga tributária é menor. Tais dados precisam ser analisados levando-se em conta, igualmente, a carga tributária *per capita*, isto é, o volume de recursos tributários cobrados em relação ao número de habitantes do país. Nesse caso, o Brasil, com enorme população, de mais de 190 milhões de habitantes, mostra uma carga tributária por habitante bem menor do que a de outros países, especialmente os países desenvolvidos.

Isso significa que o governo no Brasil tem menos recursos por habitante para prover os serviços públicos básicos — como saúde, educação, segurança, infraestrutura e outros — do que países mais desenvolvidos, onde tais serviços são prestados com muito maior eficiência.

A expressão bastante crítica e muito difundida de que o Brasil apresenta uma "carga tributária de Primeiro Mundo e serviços públicos de Terceiro Mundo", se analisada levando-se em conta a observação feita anteriormente, não se justifica como crítica à tributação no Brasil. Somos, com efeito, um país com enorme população, que requer enorme quantidade de serviços a serem prestados pelo Estado. E os recursos para tal prestação, se forem buscados por meio da cobrança de tributos, irão necessariamente fazer crescer a "carga tributária".

Aproximadamente 70% dos recursos tributários são arrecadados pela União. Os estados arrecadam aproximadamente 25%, e os municípios, 5%. Para tornar essa distribuição mais favorável para os entes descentralizados, a União efetua transferências do produto da arrecadação de certos tributos para estados e municípios. Da mesma forma, os estados dividem parte de sua arrecadação com os municípios.

É bastante expressivo o volume de recursos arrecadados por meio de contribuições federais, que são, por natureza, vinculados a certas ações específicas. É o caso das contribuições previdenciárias recolhidas pelo INSS, da Cofins, do PIS e da CSLL. No orçamento federal o volume arrecadado através de contribuições supera o volume arrecadado pelas outras espécies tributárias, que são os impostos e as taxas.

No quadro das receitas tributárias arrecadadas pelos governos no Brasil, tanto pelo governo federal quanto pelos estaduais e municipais, o tributo que apresenta a maior arrecadação, é o ICMS. Em seguida, temos o imposto de renda e as contribuições para a seguridade social (contribuição para o INSS, PIS, Cofins e CSLL).

O ICMS, cobrado pelos estados, o IPI, cobrado pela União, e o ISS, cobrado pelos municípios, são tributos "indiretos". Tais tributos incidem sobre o consumo e são repassados integralmente para o preço final dos produtos e serviços. Penalizam, dessa forma, as camadas da população que têm menor renda. Estas, para terem acesso a tais produtos e serviços, que muitas vezes são essenciais, acabam comprometendo, proporcionalmente, maior parte de sua renda com o pagamento de tributos do que a parcela da população que tem maior renda. Tal injusta regressividade é comprovada por inúmeros estudos já realizados. É, infelizmente, uma característica de nosso sistema tributário.

O quadro 3 indica o volume arrecadado pelos tributos mais relevantes nos três últimos exercícios.

Quadro 3
Arrecadação dos tributos mais relevantes: 2010-2012 (em R$ milhões)

	2010	2011	2012
Total da receita tributária	1.264.198	1.463.024	1.574.592
IR	212.771	253.333	265.006
IPI	37.287	41.207	42.566
IOF	26.571	31.998	30.998
Imp. com. exterior	21.118	26.758	31.085
Taxas federais	4.837	5.666	5.128
INSS	212.014	246.031	273.988

continua

	2010	2011	2012
Cofins	140.809	164.814	174.626
CSLL	45.732	58.594	55.608
PIS/Pasep	40.558	42.839	46.352
Prev. federal	20.823	22.609	22.978
Sal. educação	11.049	13.115	14.774
Sistema S	9.887	11.662	13.518
Cide/combustíveis	7.761	8.950	2.878
ICMS	267.976	297.298	327.524
IPVA	21.360	24.107	27.030
Prev. estadual	13.272	14.325	16.081
Outros estaduais	16.628	19.009	22.183
ISS	32.839	38.515	44.354
IPTU	17.154	19.334	21.174
Prev. municipal	8.642	9.492	10.396

Fonte: elaboração própria, a partir de dados da RFB.

Transferências constitucionais e transferências voluntárias

As transferências correntes ou de capital, indicadas como espécies de receita pública, têm como elemento distintivo em relação às demais receitas o fato de serem recursos provenientes de outro ente político, ou seja, da União ou dos estados-membros.

Na federação, forma de Estado adotada pelo Brasil, encontramos na Constituição um sistema de repartição de competências entre União, estados, DF e municípios. A cada ente político são atribuídas responsabilidades. Em alguns casos, essas competências são exclusivas; em outros, são competências concorrentes, ou seja, são atribuídas a mais de um ente político.

Por outro lado, em toda federação há também um sistema de repartição de competências tributárias, considerado pelos estudiosos como o aspecto mais relevante na estrutura do Estado federal. De nada valeria atribuir competências para prestar serviços, realizar obras públicas, exercer o poder de polícia, se os governos federal, estaduais e municipais não dispusessem de recursos financeiros.

Ao repartir as competências tributárias, a Constituição atribui à União, aos estados-membros, ao DF e aos municípios, competência para instituir impostos, taxas e contribuições. Tais competências são sempre exclusivas. Não se poderia imaginar um sistema tributário de competências concorrentes para instituir tributos e legislar a respeito de sua cobrança. Os tributos são ou federais, ou estaduais, ou municipais. A União tem competência para instituir, entre outros, imposto sobre a renda. Os estados e o DF têm competência para instituir, entre outros, imposto sobre operações de circulação de mercadorias e serviços. Os municípios têm competência para instituir, entre outros, imposto sobre a propriedade predial e territorial urbana. Não há tributos de competência concorrente.

Há um sistema tributário nacional, estabelecido na Constituição e em leis complementares, que disciplina a instituição e cobrança de tributos.

Se as competências para instituição e legislação a respeito dos tributos são exclusivas, não se pode afirmar que também é de competência exclusiva a livre administração e destinação do produto da arrecadação de tributos. A Constituição estabelece um sistema de partilha, de repartição do produto da arrecadação de certos tributos, entre União, estados, DF e municípios. São as chamadas transferências constitucionais.

A transferência é obrigatória, compulsória. O produto da arrecadação da totalidade ou parte de certos tributos deve ser transferido para outro ente político.

Tal sistema de repartição de receitas tributárias é característico do chamado federalismo cooperativo, ou federalismo de integração, que estimula a ação conjunta de União, estados, DF e municípios. Difere do antigo modelo federalista em que a autonomia e independência entre os entes políticos federados eram interpretadas de forma mais ampla, não se estimulando a ação conjunta e compartilhada entre os governos.

São três as modalidades de repartição de receitas tributárias mediante as transferências constitucionais.

A primeira modalidade ocorre no caso do imposto de renda retido na fonte sobre os rendimentos pagos, a qualquer título, por estados, DF e municípios, suas autarquias e fundações. Tais receitas são diretamente transferidas para tais entes políticos. Nem chegam a ser arrecadadas pela União, sendo retidas na fonte e consideradas transferências correntes.

A segunda modalidade ocorre:

a) no caso da criação, pela União, de imposto novo, cuja receita pertencerá em parte — 20% — a estados e ao DF;
b) no caso do imposto territorial rural, que é de competência da União, cuja receita pertence, na totalidade ou em parte — 50% —, ao município relativamente aos imóveis nele situados;
c) no caso do imposto sobre a propriedade de veículos automotores, que é de competência dos estados, cuja receita pertence, em parte — 50% —, ao município relativamente aos veículos licenciados em seus territórios;
d) no caso do imposto sobre operações relativas à circulação de mercadorias e serviços, que é de competência dos estados, cuja receita pertence, em parte — 25% —, aos municípios, segundo critérios fixados no parágrafo único do art. 158 da Constituição; e
e) no caso da Cide/combustíveis, que é de competência da União, cuja receita pertence, em parte — 29% —, aos estados e DF, segundo critérios fixados em lei.

A terceira modalidade ocorre nos casos do Fundo de Participação dos Estados (FPE) e do Fundo de Participação dos Municípios (FPM), constituídos por 47% do produto da arrecadação dos impostos sobre a renda e sobre produtos industrializados, de competência da União. Os critérios de distribuição desses recursos são fixados na Constituição e em legislação federal. A importância de tais fundos como mecanismo de transferência de recursos para regiões menos desenvolvidas do país é considerável. Inúmeros municípios e alguns estados dependem basicamente dessas transferências para sua sobrevivência.

A figura 3 mostra a participação atual dos estados e do Distrito Federal na distribuição dos recursos do FPE, proveniente de parte da arrecadação do IPI e do IR federais, conforme os critérios estabelecidos pela Lei Complementar (LC) nº 62/1989.

Figura 3
Participação dos estados e do DF na distribuição de recursos do FPE

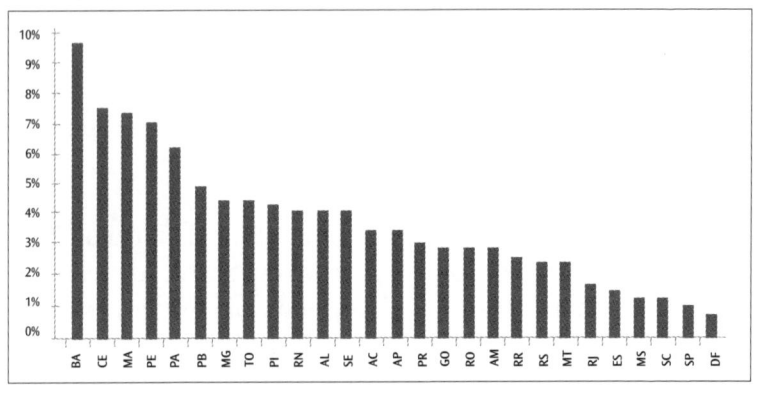

Fonte: Secretaria do Tesouro Nacional. O que você precisa saber sobre transferências constitucionais e legais. Fundo de Participação dos Estados e do Distrito Federal — FPE, fev. 2013 p. 6-9.

Há, também, distribuição de recursos para os municípios através do FPM, proveniente, da mesma forma, da arrecadação do IPI e do IR. O critério de distribuição, da mesma forma que no FPE, leva em conta fatores que são inversamente proporcionais à renda do município, propiciando uma distribuição de renda que visa eliminar desequilíbrios regionais. O quadro 4 mostra a percentagem do FPM distribuída para os municípios (excluídas as capitais) por estado, isto é, do total de recursos a distribuir, quanto foi entregue para os municípios do estado. Estados com maior número de municípios acabam recebendo parcela maior dos recursos.

Quadro 4
Participação dos estados no total do FPM interior

Unidade da federação	Percentual de participação
Acre	0,2630
Alagoas	2,0883
Amapá	0,1392
Amazonas	1,2452
Bahia	9,2695
Ceará	4,5864
Espírito Santo	1,7595
Goiás	3,7318
Maranhão	3,9715
Mato Grosso	1,8949
Mato Grosso do Sul	1,5004
Minas Gerais	14,1846
Pará	3,2948
Paraíba	3,1942
Paraná	7,2857
Pernambuco	4,7952
Piauí	2,4015
Rio de Janeiro	2,7379
Rio Grande do Norte	2,4324
Rio Grande do Sul	7,3011
Rondônia	0,7464
Roraima	0,0851
Santa Catarina	4,1997
São Paulo	14,2620
Sergipe	1,3342
Tocantins	1,2955
Total	**100,000**

Fonte: Resolução TCU nº 242, de 2 de janeiro de 1990.

A necessidade de revisão de tais critérios, já estabelecidos há bastante tempo, tem sido reclamada pelo Supremo Tribunal Federal (STF), que indicou ao Legislativo a necessidade de adoção de novos critérios. Quando da aprovação da LC nº 62, em 1989, que tratava da fixação dos critérios de distribuição dos recursos do FPE, ficou estabelecido que os critérios de rateio seriam alterados até 1992, para tornarem a divisão dos recursos compatível com os dados populacionais a serem levantados pelo censo de 1990.

Tal alteração dos critérios não foi feita, criando-se uma embaraçosa situação de conflito entre poderes, com a ameaça de suspensão dos pagamentos devidos.

O STF chegou a fixar um prazo para o Legislativo alterar a legislação, até o final de 2012. Tal prazo também não foi cumprido e foi prorrogado para julho de 2013. Em junho daquele ano o Legislativo aprovou novos critérios, após intensa discussão com os governadores estaduais.

O consenso foi obtido com uma solução curiosa: até 2015 nada será alterado. Em 2016 e 2017, o critério a ser adotado será o da correção dos valores distribuídos em 2015 pelos índices de variação do IPCA e da variação real do PIB. Se nesses dois anos houver saldo excedente nos recursos do FPE, a repartição desse saldo levará em conta a população dos estados e do DF e a renda domiciliar *per capita*. O que se pretende é auxiliar os estados menos desenvolvidos. Em 2018, de acordo com a legislação aprovada, deverá ser adotado novo critério a ser determinado por nova legislação.

Os recursos, provenientes da partilha de receita tributária, devem ser entregues integralmente a estados, Distrito Federal e municípios, sendo vedada qualquer retenção desses valores. A já aprovada Súmula nº 578 do STF impede a retenção de parte dessas parcelas, mesmo a título de ressarcimento de despesas por sua arrecadação. O mandamento constitucional é claro, e tais transferências representam aspecto relevante do federalismo atual.

A figura 4 mostra a distribuição regional dos recursos do FPE no período de 2001 a 2010.

Figura 4
Distribuição reginal dos recursos do FPE (2001-2010)

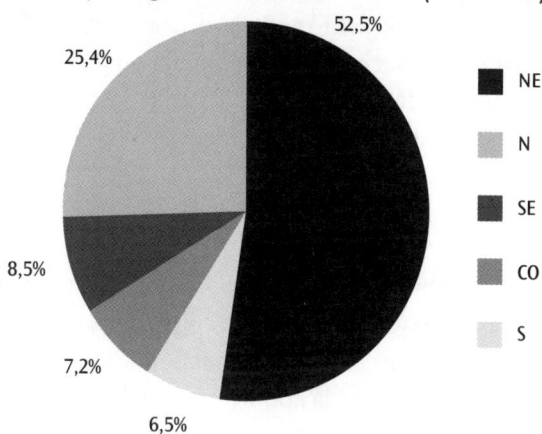

- NE: 52,5%
- N: 25,4%
- SE: 8,5%
- CO: 7,2%
- S: 6,5%

Fonte Secretaria do Tesouro Nacional. O que você precisa saber sobre transferências constitucionais e legais. Fundo de Participação dos Estados e do Distrito Federal — FPE, fev. 2013 p. 8-9. [38]

A entrega desses recursos a estados, Distrito Federal e municípios é uma exigência constitucional. A União não pode condicionar a entrega ao atendimento de determinadas condições. Entretanto, pode reter parte desses recursos em situações especiais, como o não pagamento de créditos devidos à União ou o não atendimento do limite mínimo de gastos em saúde. É o que estabelece a CRFB/1988.[39]

> Art. 160. [...]
> Parágrafo único. A vedação prevista neste artigo não impede a União e os Estados de condicionarem a entrega dos recursos:
> I — ao pagamento de seus créditos, inclusive de suas autarquias;
> II — ao cumprimento do disposto no artigo 198 § 2º, incisos II e III [limite de gastos em saúde].

---

[38] Valor descontado de Fundef/Fundeb.
[39] Conforme a redação dada ao art. 160, parágrafo único, da CRFB/1988 pela Emenda Constitucional nº 29/2000.

Ao lado dessas transferências constitucionais, que são compulsórias, obrigatórias, como explicado anteriormente, os estados-membros, DF e municípios podem receber recursos financeiros decorrentes de transferências chamadas voluntárias, feitas pela União ou pelos estados. Geralmente tais transferências referem-se a programas de responsabilidade conjunta desenvolvidos pelos governos federal, estadual e municipal.

As transferências voluntárias diferem das transferências constitucionais no que se refere a sua motivação. As transferências voluntárias dependem de convênios, acordos ou outra modalidade de ajuste feito entre as autoridades executivas da União, estados, DF e municípios. As transferências constitucionais, por outro lado, são obrigações atribuídas ao titular da competência tributária e direito dos entes políticos beneficiados.

As transferências são classificadas, segundo determina a legislação, como transferências correntes ou de capital. O critério para classificação é sua destinação.

Receitas não tributárias

As receitas públicas compreendem também receitas não tributárias. São recursos arrecadados pelo poder público que não decorrem do exercício de sua competência tributária. Deixemos de lado, para essa indicação, as receitas públicas proveniente de empréstimos que não são, de fato, receitas.

Montante de arrecadação das receitas não tributárias

Analisando os números do orçamento federal para 2014, verificamos que os recursos classificados como receitas correntes representam aproximadamente 81% das receitas do Tesouro. Os 19% restantes são recursos classificados como receitas de capital, sendo 11% provenientes de operações de crédito.

O total das receitas correntes é de aproximadamente *R$ 1,39 trilhão*. As receitas tributárias, provenientes de impostos, taxas e contribuições, representam o maior volume de receita, ou seja, mais de *R$ 1,16 trilhão*. Isso representa aproximadamente 85% das receitas correntes do Tesouro Nacional.

Dessa maneira, recursos provenientes de outras fontes de receita, que não a tributária, ou seja, receitas classificadas como patrimonial, agropecuária, industrial, de serviços, transferências correntes e outras receitas correntes representaram aproximadamente *R$ 230 bilhões* em 2014.

São relevantes, nesse conjunto de receitas, a receita patrimonial (R$ 96,597 bilhões), a receita de serviços (R$ 48,354 bilhões) e outras receitas correntes (R$ 80,587 bilhões).

As receitas patrimoniais são provenientes da utilização do patrimônio público. Entre elas são mais relevantes as receitas decorrentes das compensações financeiras pela utilização dos recursos naturais, com aproximadamente R$ 43 bilhões, as receitas de valores mobiliários, compreendendo dividendos das estatais, com aproximadamente R$ 33 bilhões, e as receitas decorrentes das concessões e permissões federais, com aproximadamente R$ 9 bilhões.

Entre as receitas de serviços, estão receitas decorrentes de serviços financeiros, que somam R$ 46 bilhões.

E entre as outras receitas correntes, estão as provenientes de multas (R$ 22 bilhões), de cobrança da dívida ativa (R$ 16 bilhões) e outras.

O quadro 5 mostra valores aproximados dessas receitas não tributárias previstas na LOA federal para o exercício de 2014.

Quadro 5
**Valores aproximados das receitas não tributárias em 2014
(em R$ bilhões)**

Receita patrimonial	89.192		
Imobiliária		1.435	
Valores mobiliários		33.958	
Dividendos			21.051
Remuneração de depósitos			12.140
Concessões e permissões		9.755	
Compensações financeiras		43.641	
Exploração de recursos hídricos			4.500
Exploração de recursos minerais			2.700
Exploração de petróleo e gás			38.300
Receita de serviços	54.595		
Financeiros		46.245	
Juros de empréstimos			34.600
Remuneração de repasses			9.600
Preços e tarifas de serviços		8.350	
Outras receitas correntes	76.761		
Multas e juros de mora		22.403	
Indenizações e restituições		8.695	
Receita da dívida ativa		16.389	
Aportes p/ compensação do RGPS		17.000	
Diversos		12.272	
Total aproximado da receita não tributária excluída a receita de empréstimos	230.000		

Fonte: dados aproximados extraídos do volume I da LOA/2014, p. 311ss.

Compensação financeira pela exploração de recursos naturais

A Constituição de 1988 previu nova modalidade de receita pública, uma compensação financeira pela exploração de recursos naturais que é devida à União, aos estados, ao DF e aos municípios.

Dispõe a CRFB/1988 em seu art. 20, § 1º:

> É assegurada, nos termos da lei, aos Estados, ao Distrito Federal e aos Municípios, bem como a órgãos da administração direta da União, participação no resultado da exploração de petróleo ou gás natural, de recursos hídricos para fins de geração de energia elétrica e de outros recursos minerais no respectivo território, plataforma continental, mar territorial ou zona econômica exclusiva, ou compensação financeira por essa exploração.

O objetivo dessa inovação, introduzida em nosso sistema constitucional em 1988, foi estabelecer uma compensação para o DF, estados e municípios em cujo território verifica-se a exploração de recursos naturais para a produção de petróleo, gás natural, minerais e energia elétrica. Entendeu o constituinte que a exploração desses recursos naturais se faz em benefício de todo o país, tornando possível o desenvolvimento de atividades econômicas de interesse nacional. Ocupam, entretanto, áreas extensas de território para enchimento de reservatórios ou para a instalação de equipamentos e máquinas. Isso se faz, entendeu o constituinte, em detrimento da exploração de outras atividades que nelas poderiam ser desenvolvidas. Daí a razão dessa compensação financeira.

A compensação foi instituída pela Lei nº 7.990/1989. Dela também trataram as leis nº 9.648/1998, nº 8.001/1990, nº 9.984/2000 e o Decreto nº 1/1991.

A compensação financeira pela utilização de recursos hídricos para fins de geração de energia elétrica é de 6% do valor da energia produzida, a serem pagos pelas concessionárias de geração de energia elétrica aos estados, DF e municípios em cujos territórios houver a produção de energia elétrica ou existir área invadida por águas dos respectivos reservatórios.

A compensação financeira pela exploração de recursos minerais para fins de aproveitamento econômico é de até 3% (três por cento) do valor do faturamento líquido resultante da venda do produto mineral. Tais valores devem ser pagos pelos detentores de direitos minerários aos estados, DF e municípios.

A compensação financeira pela extração de petróleo, gás natural e derivados é de 6,75% do valor do óleo bruto, do xisto betuminoso e do gás natural extraídos dos territórios onde se fizer a lavra desses recursos ou se localizarem instalações marítimas ou terrestres de embarque ou desembarque de óleo bruto ou de gás natural a serem pagos pela Petrobras aos estados (45%), aos municípios (45%) e aos ministérios do Meio Ambiente, de Minas e Energia e de Ciência e Tecnologia (10%).

Essas compensações não têm natureza tributária. São receitas que devem ser classificadas como receita patrimonial, visto que sua origem está na exploração do patrimônio público.

Ao propor alteração no regime jurídico da exploração do petróleo, em decorrência da descoberta dos campos de pré-sal, o governo federal teve que enfrentar enorme discussão a respeito dos critérios de divisão dos recursos da compensação pela exploração de tais campos e dos demais campos de petróleo, os chamados *royalties* do petróleo. Contrariando a orientação do Executivo, o Poder Legislativo alterou os critérios vigentes, explicados anteriormente, e adotou os mesmos critérios para repartição desses recursos que os adotados para a repartição dos fundos de participação. Houve o veto aposto pelo Executivo e sua rejeição pelo Legislativo. A matéria foi levada ao Judiciário e encontra-se em análise no STF.

É interessante o estudo realizado a respeito por técnicos do Instituto de Pesquisa Econômica Aplicada (Ipea) em 2009, que traz o sugestivo título "Sobre maldições e bênçãos: é possível gerir recursos naturais de forma sustentável? Uma análise sobre os *royalties* e as compensações financeiras no Brasil". Os autores procuram discutir os resultados obtidos nas áreas beneficiadas com tais transferências. Tais recursos devem ser aplicados, em princípio, em projetos que revertam em maior capacitação científica e tecnológica e em benefícios para as comunidades locais afetadas pela exploração desses recursos naturais. Analisando os dados recentes, o estudo constata que não tem sido esse o resultado obtido com a distribuição dos *royal-*

ties. As comunidades "beneficiadas" com esta "bênção" apresentam índices de desenvolvimento insatisfatórios, o que seria a "maldição".

Encargos setoriais

É oportuno observar que, na determinação das tarifas de certos serviços públicos, especialmente energia elétrica e telecomunicações, a legislação tem criado adicionais tarifários denominados encargos setoriais. A lei, nesses casos, acrescenta ao valor das tarifas outros valores, destinados ao pagamento de certas despesas, algumas eventuais e outras permanentes, consideradas necessárias para a adequada prestação do serviço público.

É o caso do adicional tarifário conhecido como conta de consumo de combustíveis (CCC), destinado a subsidiar o custo da energia elétrica em regiões isoladas e não atendidas pelo sistema interligado nacional. O valor total de tal encargo, extinto recentemente, era de mais de R$ 5 bilhões anuais! O mesmo ocorreu com o encargo de capacidade emergencial (ECE) ou seguro apagão, adicional cobrado junto com as tarifas de eletricidade até o ano de 2005, para eliminar os riscos de um racionamento. Há também o encargo setorial denominado conta de desenvolvimento energético (CDE), arrecadado pelo governo federal e transferido para a gestão da Eletrobras.

Estudos recentes demonstram que aproximadamente 10% do valor das tarifas cobradas dos consumidores, na distribuição de energia elétrica, representam valores de adicionais tarifários, os encargos setoriais, acrescidos por diversas leis federais para custear atividades consideradas necessárias para o oferecimento desse serviço público a toda a população.

Receitas públicas decorrentes de concessões e permissões

Nos últimos anos, nova fonte de receita não tributária passou a ter importância nas receitas públicas. São as receitas decorrentes de permissões e concessões. Inúmeras atividades do Estado estão sendo exercidas através da utilização dos instrumentos de descentralização e delegação administrativa. O Estado não assume os custos para a prestação do serviço público ou para a execução da obra pública, mas, por instrumentos contratuais, delega tais atividades a terceiros, entidades públicas ou privadas. Delega tais atividades para outras pessoas jurídicas, muitas vezes constituídas especialmente para esse fim. O Estado mantém a titularidade da prestação do serviço ou da execução da obra, e são estabelecidos mecanismos diversos de controle e acompanhamento.

Ao celebrar tais contratos de concessão ou de permissão, são previstos, muitas vezes, pagamentos devidos ao Estado, que constituem receitas patrimoniais, pois decorrem da utilização concedida para a exploração do patrimônio público.

Preços públicos e taxas pela prestação de serviços públicos

A distinção entre os conceitos de preço público e de taxa pela prestação de serviço público é tema bastante discutido no direito público. É preciso identificar os elementos característicos de cada uma dessas formas de receitas e definir as situações concretas em que elas podem ser arrecadadas.

A diferença básica entre taxas e preços é que as taxas são uma espécie de tributo, como os impostos e as contribuições, e os preços não são tributos. Dessa forma, como tributos, as taxas submetem-se a regime legal próprio, o regime tributário. São compulsórias e decorrem de sua instituição em lei e da ocorrência do fato gerador. O pagamento da taxa é obrigatório pelo contribuinte, desde que ocorra o fato gerador, no caso, a prestação de serviço público. Os preços, por outro lado, são facultativos, decorrem da existência de um acordo entre os particulares e o poder público, a respeito de um serviço ou utilidade de interesse do particular e que é oferecido pelo Estado.

Os preços são contratuais e não podem ser cobrados compulsoriamente pelo Estado. As taxas são cobradas compulsoriamente, tendo o contribuinte utilizado ou não o serviço. As taxas são devidas pela utilização efetiva ou potencial de serviço público; os preços são decorrentes de serviço efetivamente prestado ao usuário.

As taxas estão submetidas aos princípios tributários, como o da legalidade e o da anterioridade. Sua instituição, cobrança, determinação de valores a pagar e hipóteses de isenção somente podem ser determinadas por lei. E essa lei deve observar o princípio da anterioridade, somente podendo ser cobrada no exercício financeiro seguinte. Os preços não estão submetidos a tais limitações. Não dependem de autorização legislativa para sua majoração, e os valores a serem cobrados podem ser alterados a qualquer momento.

O que há de comum nas taxas e nos preços é que ambos representam o pagamento feito em contraprestação a uma atividade efetiva ou potencialmente prestada ao usuário do serviço público. As taxas, como espécie tributária, têm como requisito, para sua instituição por lei, a prestação pelo Estado de um serviço público. Seu pagamento é uma contraprestação a uma atividade prestada ao contribuinte, o que ocorre no caso de uma taxa de limpeza pública, por exemplo. Os preços também têm essa característica, visto que representam sempre o pagamento por uma atividade prestada, como o fornecimento de energia elétrica, o serviço de transporte urbano ou o serviço de comunicação telefônica.

O que diferencia a taxa do preço é o regime jurídico a que estão submetidos. As taxas, como espécie de tributo, têm regime próprio. São compulsórias, são instituídas pelo poder público como contraprestação obrigatória. São impositivas. Decorrem da supremacia do interesse público e do poder de império do Estado. Os preços, diferentemente, representam pagamentos decorrentes de serviços ou atividades que não são obrigatórias para o particular. Submetem-se ao regime jurídico de direito privado, em que prevalece o acordo de vontades.

O pagamento do preço decorre unicamente do serviço ou utilidade oferecida. Se o particular não quiser utilizar o serviço, nenhum pagamento de preço é devido. O preço decorre de um acordo de vontades. Daí dizermos que ele é voluntário e não compulsório, como a taxa. Esta, uma vez instituída por lei, deve ser paga obrigatoriamente pelo particular, mesmo que não utilize o serviço, pois ela é devida pelo simples fato de o serviço ser posto à disposição do contribuinte.

Tais elementos característicos dos preços, que os diferenciam das taxas, têm sido intensamente discutidos pela doutrina e pelo Judiciário. São inúmeros os acórdãos proferidos pelos tribunais superiores a respeito do tema. O STF aprovou a Súmula nº 545/1969, que é redigida nos seguintes termos:

> Preços de serviços públicos e taxas não se confundem, porque estas, diferentemente daqueles, são compulsórias e têm sua cobrança condicionada à prévia autorização orçamentária em relação à lei que as instituiu.

Os preços, também chamados de tarifas, são utilizados atualmente para remunerar inúmeros serviços públicos, como energia, telecomunicações, utilização de estradas de rodagem, fornecimento de água e coleta de esgotos, entre outros.

As tarifas mostraram-se a maneira mais apropriada para remunerar os prestadores de serviços públicos, que assumem, através de contratos de concessão firmados com o poder público, a responsabilidade pela prestação de serviços públicos. O Estado, poder concedente, reserva para si a responsabilidade pela determinação dos valores das tarifas. O concessionário tem nas tarifas a receita necessária para prestar o serviço e remunerar o capital investido. A determinação do valor das tarifas deve levar em conta a necessidade de ser preservado, em todos os casos, o equilíbrio econômico e financeiro do contrato de concessão. Há uma tarifa inicial, fixada no contrato, e anualmente são efetuadas atualizações dos valores, submetidas tais "revisões tarifárias" à prévia aprovação do poder concedente.

A escolha do regime dos preços ou das taxas para remunerar serviços públicos depende da legislação. Atualmente, parte significativa dos serviços públicos é prestada, conforme legislação específica, pelo regime de concessões, em que se prevê a cobrança de tarifas para remunerar o prestador do serviço.

Crescimento da receita pública

É crescente, nos últimos anos, o montante das receitas públicas no Brasil. O agigantamento do Estado trouxe, como consequência, um aumento considerável das receitas públicas, tanto originárias como derivadas. Houve aumento também no volume dos empréstimos públicos, decorrentes de autorizações concedidas pelo Legislativo para a celebração de operações de crédito.

No orçamento federal para o ano de 2014, verifica-se que mais de R$ 1,1 trilhão é previsto como receita decorrente de tributos federais. Há, ainda, volume significativo de receita decorrente de operações de crédito. São empréstimos públicos, internos e externos. Nos últimos anos, a maior parte dos recursos provenientes de empréstimos públicos refere-se ao refinanciamento da dívida assumida, e não se refere a novos empréstimos.

No que se refere aos tributos, observa-se um constante crescimento da carga tributária, que atingiu, nos últimos anos, o total de aproximadamente 36% do produto interno bruto (PIB) gerado no país.

É importante disciplinar esse aspecto da atuação estatal, recolhendo recursos da sociedade para o desenvolvimento de atividades de interesse público. Essa tem sido a preocupação do direito financeiro e do direito tributário. O correto entendimento dos princípios jurídicos e das normas positivas estabelecidas para disciplinar a receita pública é fundamental para a ação do administrador público e dos que cuidam de tributos, tarifas e empréstimos públicos.

Renúncia tributária

A Lei de Responsabilidade Fiscal (LRF), aprovada em 2000, introduziu, entre os documentos que devem ser apresentados pelo Executivo no processo de discussão do orçamento, o "Demonstrativo de gastos tributários", que é um relatório em que devem ser apresentadas e justificadas todas as situações de renúncia tributária, decorrentes de imunidades, isenções, remissões e anistias.

O Executivo prepara anualmente uma previsão de valores decorrentes da arrecadação de tributos. Tal previsão serve de base para a determinação dos diversos itens da despesa, que são os gastos públicos. É muito importante analisar, igualmente, a receita tributária que não vai ser arrecadada, isto é, que deixará de ser recebida em virtude da renúncia tributária. São recursos que poderiam servir para a realização de outras despesas, aumentando o gasto público. Os estudiosos de finanças públicas passaram a denominar tais recursos de "gastos tributários". A legislação do direito financeiro e orçamentário introduziu nova obrigação a ser cumprida pelos encarregados da administração financeira pública: elaborar anualmente relatório analítico sobre os gastos tributários.

A Receita Federal tem divulgado anualmente tal relatório. Ele serve de instrumento para avaliar os impactos, na receita, dos benefícios trazidos à sociedade pela concessão de favor fiscal. A partir de 2004, a Receita Federal passou a utilizar o termo "gasto tributário", em substituição ao termo "benefício tributário", utilizando o seguinte conceito:

> Gastos tributários são gastos indiretos do governo, realizados por intermédio do sistema tributário, visando atender objetivos econômicos e sociais. São explicitados na norma que referencia o tributo, constituindo-se uma exceção ao sistema tributário de referência, reduzindo a arrecadação potencial e, consequentemente, aumentando a disponibilidade econômica do contribuinte. Tem caráter compensatório, quando o governo não atende adequadamente a população dos serviços de sua responsabilidade ou tem caráter incentivador, quando o governo tem a intenção de desenvolver determinado setor ou região.[40]

---

[40] MINISTÉRIO DA FAZENDA. Receita Federal. *Demonstrativo de gastos tributários* — 2013. Brasília: MF, 2012a. p. 11.

A LRF tratou expressamente desse tema, a renúncia tributária:

Art. 14. A concessão ou ampliação de incentivo ou benefício de natureza tributária da qual decorra renúncia de receita deverá estar acompanhada de estimativa do impacto orçamentário-financeiro no exercício em que deva iniciar sua vigência e nos dois seguintes, atender ao disposto na lei de diretrizes orçamentárias e a pelo menos uma das seguintes condições:
I — demonstração pelo proponente de que a renúncia foi considerada na estimativa de receita da lei orçamentária, na forma do artigo 12, e de que não afetará as metas de resultados fiscais previstos no anexo próprio da lei de diretrizes orçamentárias;
II — estar acompanhada de medidas de compensação, no período mencionado no *caput*, por meio do aumento de receita, proveniente da elevação de alíquotas, ampliação da base de cálculo, majoração ou criação de tributo ou contribuição.
§ 1º. A renúncia compreende anistia, remissão, subsídio, crédito presumido, concessão de isenção em caráter não geral, alteração de alíquota ou modificação da base de cálculo que implique redução discriminada de tributos ou contribuições e outros benefícios que correspondam a tratamento diferenciado.
§ 2º. Se o ato de concessão ou ampliação do incentivo fiscal ou benefício de que trata o *caput* deste artigo decorrer da condição contida no inciso II, o benefício só entrará em vigor quando implementadas as medidas referidas no mencionado inciso.
§ 3º. O disposto neste artigo não se aplica:
I — às alterações das alíquotas dos impostos previstos nos incisos I, II, IV e V do artigo 153 da Constituição, na forma de seu § 1º;
II — ao cancelamento de débito cujo montante seja inferior ao dos respectivos custos de cobrança.

Tais conceitos vêm sendo discutidos por organizações internacionais, como a OCDE, o FMI, a CEE e a Cepal, entre outras. Procuram criar formas racionais de análise das receitas tributárias a partir do levantamento das situações de renúncia de sua cobrança. O tributo deve ter um caráter geral, sendo devido por todos. É preciso analisar bem as situações em que sejam estabelecidos benefícios para determinadas pessoas ou grupos. Esses são os objetivos sadios da prática da elaboração e discussão constante desses demonstrativos.

A figura 5 mostra a evolução recente dos gastos tributários da União, no período de 1998 a 2009. Nota-se uma tendência crescente, que está se mantendo nos anos recentes.

Figura 5
Evolução dos gastos tributários da União — 1998-2009 (em R$ bilhões)

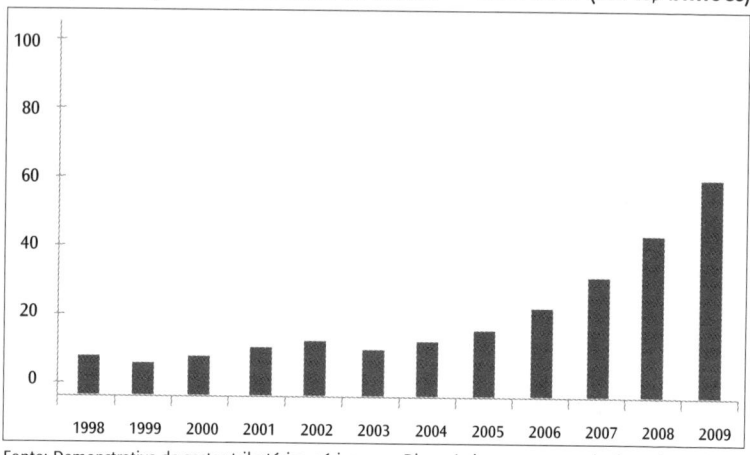

Fonte: Demonstrativo de gastos tributários, vários anos. Disponível em: <www.receita.fazenda.gov.br>. Acesso em: 12 jan. 2016.

No projeto de LOA federal para 2013, estimava-se que o total de gastos tributários seria de mais de R$ 170 bilhões, valor considerável quando as previsões de receita tributária eram de aproximadamente R$ 1 trilhão. Esse total de gastos tributários não compreendia os valores das renúncias previdenciárias, estimadas em mais de R$ 33 bilhões.

A maior renúncia tributária prevista era a que decorria da instituição do regime simplificado de tributação para as pequenas e médias empresas, o Simples. O impacto dessa renúncia foi estimado em R$ 41 bilhões, que deixaram de ser arrecadados. Estímulos à pequena e média empresa constam de determinação constitucional e vêm sendo concedidos no Brasil a partir da década de 1990.

Relevante também é a renúncia tributária adotada há tempos para o recolhimento do imposto de renda da pessoa física (IRPF). Os rendimentos isentos e não tributáveis respondem por R$ 22 bilhões e as deduções do rendimento tributável são responsáveis pela renúncia de R$ 13 bilhões.

São também significativos os benefícios concedidos para a Zona Franca de Manaus, que somam R$ 22 bilhões, os diversos incentivos concedidos para a agricultura e agroindústria, que chegam a R$ 13 bilhões, e o volume de tributos que não são recolhidos pelas entidades sem fins lucrativos, que chegam a R$ 10 bilhões.

A figura 6 indica a evolução da renúncia tributária para o período de 1995 a 2009 no que se refere às contribuições PIS e Cofins. Curioso é o fato de que tais tributos, criados na forma de contribuições destinadas a custear gastos sociais específicos, estejam sendo renunciados para atender a outros objetivos de caráter econômico.

Figura 6
Evolução das renúncias tributárias para PIS e Cofins — 1995-2009 (em R$ milhões)

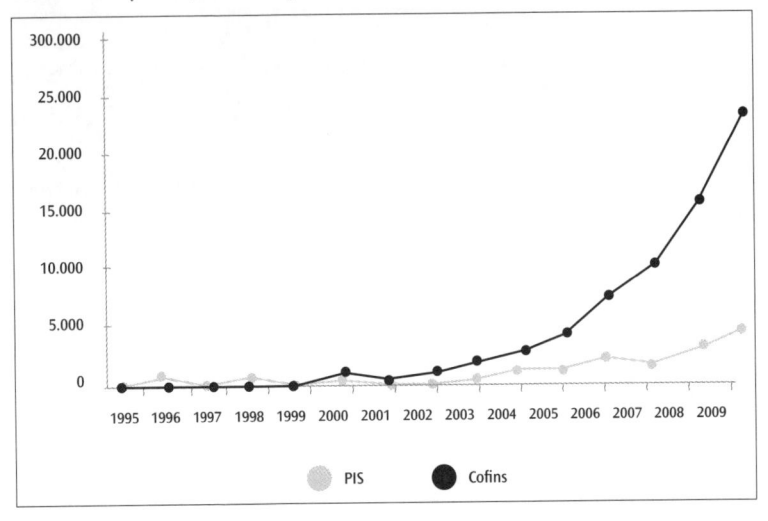

Fonte: <www2.camara.leg.br/documentos-e-pesquisa/publicacoes/estnottec/areas-da-conle/tema20/2009_9801.pdf>. p. 15. Acesso em: 12 jan. 2016.

Essas renúncias tributárias devem constar dos documentos orçamentários, tanto da LDO quanto da LOA. Devem ser analisadas a partir dos resultados obtidos. Representam, na realidade, "despesas" que o orçamento não prevê no quadro das despesas públicas. O quadro 6 indica as principais renúncias tributárias federais, previstas para o ano de 2012, detalhadas por programas e objetivos específicos.

Quadro 6
Projeção dos principais gastos tributários para 2012 (em R$)

Class.	Modalidade	Projeção	Paticipação no total dos gastos
1	Microempresas e empresas de pequeno porte — Simples	30.026.016.672	20,57
2	Zona Franca de Manaus	21.224.288.293	14,54
3	Rendimentos isentos e não tributáveis — IRPF	18.392.345.418	12,60
4	Deduções do rendimento tributável do IRPF	13.152.116.497	9,01
5	Agricultura e agroindústria	10.139.991.525	6,95
6	Entidades sem fins lucrativos — isentas / imunes	9.487.291.481	6,50
7	Benefícios trabalhador	6.445.603.318	4,42
8	Desenvolvimento regional	5.764.543.481	3,95
9	Informática	4.225.434.994	2,89
10	Pesquisa científica tecnológica e inovação tecnológica de produtos	3.535.174.526	2,42
11	Medicamentos	3.483.855.904	2,39
12	Repenec	3.165.880.000	2,17
13	Construção civil	2.751.530.217	1,88
14	Cultura e audiovisual	1.812.673.195	1,24
15	Inclusão digital	1.585.028.919	1,09
16	Setor automobilístico	1.481.495.373	1,01
17	Operações credito habitacional	991.408.867	0,68
18	Embarcações e aeronaves	949.080.286	0,65
19	Produtos químicos e farmacêuticos	943.127.396	0,65

continua

Class.	Modalidade	Projeção	Paticipação no total dos gastos
20	Reid – Regime Especial de Incentivos para o Desenvolvimento de Infraestrutura	838.960.760	0,57
21	Prouni	733.904.013	0,50
22	Horário eleitoral gratuito	606.123.827	0,42
23	Retaero	518.991.337	0,36
24	Petroquímica	429.113.765	0,29
25	Minha Casa, Minha Vida	350.649.402	0,24
26	Livros técnicos e científicos	338.834.917	0,23
27	Estatuto da Criança e Adolescente e fundos do idoso	335.126.987	0,23
28	Operações com fundos constitucionais	323.003.062	0,22
29	Promoção de produtos e serviços brasileiros	293.474.644	0,20
30	Motocicleta	245.154.618	0,17
31	Taxi — deficiente físico	216.201.521	0,15
32	Renuclear	166.330.000	0,11
33	Termoeletricidade	152.507.655	0,10
34	Recopa	140.280.000	0,10
35	Incentivo ao desporto	138.310.846	0,09
36	Doações instituições de ensino e pesquisa e à entidades civis sem fins lucrativos	132.232.033	0,09
37	Resíduos sólidos	128.166.424	0,09
38	Transporte escolar	66.842.839	0,05
39	Papel — jornais e periódicos	62.146.176	0,04
40	Cadeira de rodas e aparelhos	47.243.002	0,03
41	Evento esportivo, cultural e científico	46.940.207	0,03
42	Biodiesel	32.281.874	0,02
43	ITR	30.007.701	0,02
44	Copa do mundo	24.121.181	0,02
45	GNL — gás natural liquefeito	20.112.310	
46	Tecnologia de informação (TI) e tecnologia da informação e da comunicação (TIC)	3.527.662	0,00
	Total dos gastos tributários	**145.977.475.125**	**100**

Fonte: Receita Federal do Brasil. Demonstrativo de gastos tributários 2013. Disponível em: <www.receita.fazenda.gov.br>. Acesso em: 12 jan. 2016.

É muito importante que na discussão do orçamento e em sua avaliação sejam analisados com objetividade os resultados dessas e de outras renúncias tributárias.

A Consultoria Legislativa da Câmara dos Deputados apresentou, em 2010, interessante estudo a respeito da política de incentivos fiscais elaborada pelo consultor legislativo Marcelo Sobreiro Maciel. Analisando os gastos tributários da União, de 1997 a 2009, constatou uma tendência declinante desde 1997, quando era de 14,6% da arrecadação federal até o ano de 2004, quando chegou a 8,4% da arrecadação federal. Entretanto, a partir de 2004, os gastos tributários se elevaram e chegaram, em 2009, a 18,9% da arrecadação federal.[41]

As chamadas renúncias tributárias, a respeito das quais já se encontram realizados estudos mais detalhados, estão indicadas nos documentos preparados pelo Ministério da Fazenda, como o "Demonstrativo de gastos tributários". Elas representam apenas uma parte dos benefícios concedidos pela ação governamental para certos setores da economia. Há, também, os subsídios que são concedidos através de programas de crédito em que há diferenciais de taxas de juro, subsídios concedidos pelo governo.

Interessante estudo foi realizado pela Fundação Getulio Vargas, de autoria dos economistas Érica Diniz e José Roberto Afonso, sobre os benefícios fiscais e creditícios concedidos pelo governo federal. O estudo indica valores significativos de benefícios não tributários concedidos nos anos de 2011, 2012 e 2013, em que foram de aproximadamente R$ 50 bilhões, R$ 45 bilhões e R$ 69 bilhões respectivamente.[42]

Esses benefícios financeiros e creditícios incluem, entre outros:
a) empréstimos da União ao BNDES;
b) Fundo de Amparo ao Trabalhador (FAT);

---

[41] MACIEL, Marcelo Sobreiro. *Política de incentivos fiscais*: quem recebe isenção por setores e regiões do país. Brasília, DF: Consultoria Legislativa da Câmara dos Deputados, 2010.

[42] DINIZ, Érica; AFONSO, José Roberto. *Benefícios fiscais concedidos (e mensurados) pelo governo federal*. Rio de Janeiro: FGV, 2014. Texto para discussão (Ibre).

c) fundos constitucionais de financiamento (FNE, FND e FCD);
d) Fundo de Compensação de Variações Salariais (FCVS);
e) Programa de Estimulo à Reestruturação e ao Sistema Financeiro Nacional (Proer);
f) Programa Nacional de Agricultura Familiar (Pronaf) — equalização;
g) subvenção a consumidores de energia elétrica da subclasse de baixa renda;
h) custeio agropecuário;
i) garantia e sustentação de preços;
j) Programa de Sustentação do Investimento (PSI);
k) Programa de Financiamento às Exportações (Proex); e
l) Fundo da Marinha Mercante.

Aos números desses benefícios devem ser acrescentados os referentes às renúncias tributárias, incluídas também as renúncias previdenciárias. Os valores estimados ultrapassam os R$ 300 bilhões! São, de fato, gastos públicos que não são previstos no orçamento.

Observam os autores do estudo:

> [...] se as estimativas oficiais, eventualmente subestimadas, atingem mais de R$ 300 bilhões, quanto será o real custo dessas renúncias e subsídios? Valores tão altos certamente mereceriam uma análise detalhada e cuidadosa, como, por exemplo, a adoção de quadro demonstrativo que incluísse tanto os benefícios vinculados às contribuições sociais quanto os benefícios de natureza financeira, tributária e creditícia, complementado por uma análise que apresentasse os efeitos sobre as receitas e despesas.[43]

Tal sugestão, com certeza, contribuiria para o aumento da transparência fiscal.

---

[43] Ibid., p. 20.

Empréstimos públicos

Há muito tempo, apontam os estudiosos do direito financeiro e da ciência das finanças, os estados contraem empréstimos. Necessitando de recursos para atender a situações de crise ou para realizar pesados investimentos e não dispondo de rendas provenientes das fontes usuais de recursos, a administração pública busca, por meio de empréstimos, os recursos de que necessita.

No Brasil, como em todos os países, o Estado se endividou. Nas últimas décadas, foi através da busca de recursos externos e internos que se realizaram enormes investimentos em infraestrutura. O endividamento público, em si, não é um "mal". É plenamente justificado para a realização de despesas de maior valor relativas a obras de infraestrutura. Não é correto, entretanto, que as gerações presentes assumam integralmente, pelo pagamento de tributos, todos os custos relativos a empreendimentos que beneficiarão, também, gerações futuras. Um empréstimo viabiliza a realização do investimento. O pagamento desse empréstimo se fará em diversos anos, comprometendo, dessa maneira, os orçamentos dos exercícios seguintes, que deverão prever recursos para sua amortização. É obtida, assim, uma repartição mais apropriada dos custos com a realização do investimento público.

É indesejável, por outro lado, que haja um endividamento excessivo, sem controle. Daí o direito financeiro tratar também desse tema. Há disposições constitucionais sobre a matéria. Há diversas leis e normas especiais aprovadas pelo poder público (resoluções, instruções, portarias) a respeito da contratação de empréstimos públicos. Nas últimas décadas, o Brasil instituiu regras bastante objetivas para a contratação de empréstimos pelos governos estaduais e municipais. É enorme a tarefa da Secretaria do Tesouro Nacional (STN) do Ministério da Fazenda em efetuar o controle da aplicação dos critérios legais sobre endividamento público. No final da década de 1990, foi elaborado e aprovado um consistente projeto de refinanciamento da dívida pública que vem sendo cumprido desde então.

Há inúmeras disposições constitucionais a respeito.

É atribuição do Poder Legislativo dispor sobre a realização de operações de crédito e sobre dívida pública.[44] Em nível federal, deve ser aprovada lei complementar [45] que disponha sobre dívida pública externa e interna, concessão de garantias pelas entidades públicas e emissão e resgate de títulos de dívida pública, aplicáveis à União, aos estados, municípios e ao DF. Foi o que fez a LC nº 101/2000.

É vedada a concessão de empréstimos, inclusive por antecipação de receita, pelos governos federal, estaduais e municipais e suas instituições financeiras para pagamento de despesas com pessoal ativo, inativo e pensionista. Tal vedação se estende às transferências voluntárias.[46]

É vedada a realização de operações de crédito que excedam o montante das despesas de capital (previstas no orçamento), ressalvadas as autorizadas mediante créditos suplementares ou especiais com finalidade precisa, aprovados pelo Poder Legislativo por maioria absoluta.[47]

É atribuída ao Senado Federal competência para autorizar operações externas de natureza financeira, de interesse da União, dos estados e municípios e do DF; dispor sobre limites globais e condições para as operações de crédito externo e interno desses mesmos entes; dispor sobre limites e condições para a concessão de garantia da União em operações de crédito externo e interno; fixar, por proposta do presidente da República, limites globais para o montante da dívida consolidada da União, dos estados e municípios e do DF; e, ainda, estabelecer limites globais e condições para o montante da dívida mobiliária dos estados e municípios e do DF.

O Senado Federal tem essa função constitucional de regulamentar as operações de empréstimos feitos pelo setor público. No exercício dessas atribuições, aprovou as seguintes resoluções:

---

[44] Art. 48, inciso II, da CRFB/1988.
[45] Art. 163 da CRFB/1988.
[46] Art. 167, inciso X, da CRFB/1988.
[47] Art. 167, inciso III, da CRFB/1988.

a) Resolução nº 40/2001, que dispõe sobre os limites globais para o montante da dívida pública consolidada e da dívida pública mobiliária dos estados, do DF e dos municípios, em atendimento ao disposto no art. 52, incisos VI e IX da CRFB/1988. Essa resolução foi alterada pela Resolução nº 5/2002; e
b) Resolução nº 43/2001, que dispõe sobre as operações de crédito interno e externo dos estados, do DF e dos municípios, inclusive concessão de garantias, seus limites e condições de autorização e dá outras providências. Foi alterada pela Resolução nº 3/2002.

É competência atribuída à União legislar sobre política de crédito.[48] Deve a União estabelecer política a respeito dos empréstimos públicos. Parte dessa responsabilidade é atribuída ao Senado Federal.

Relevância dos empréstimos públicos na economia atual

Nos últimos anos, a questão da dívida pública passou a preocupar enormemente as autoridades dos governos e organismos mundiais. A chamada "crise da dívida" passou a ameaçar a estabilidade financeira mundial. A concessão sem controle de empréstimos a governos de diversos países, em virtude da abundância de recursos disponíveis, começou a preocupar. A capacidade de honrar os compromissos assumidos por diversos países foi questionada.

Os estados sempre foram tomadores de empréstimos. Diferentemente de tomadores privados, os estados têm a característica da perenidade. Os organismos financiadores sabem que, ao final, são bastante remotas as possibilidades de um "calote", de um *default*. A comunidade financeira mundial é suficientemente forte para "forçar" os estados ao cumprimento dos acordos financeiros estabelecidos.

---

[48] Art. 22, inciso VII, da CRFB/1988.

A "crise da dívida" dos anos recentes apanhou o Brasil já dotado dos instrumentos anteriormente indicados de controle do endividamento público.

A classificação da dívida pública

A dívida pública pode ser classificada por dois critérios. Um primeiro critério distingue a dívida pública flutuante da dívida pública fundada. A dívida flutuante é a contraída em curto prazo, para satisfazer necessidades momentâneas do Tesouro, provenientes de despesas imprevistas e da falta de receitas ainda não cobradas. Não realidade é dívida que deve ser satisfeita em curto prazo, com o recebimento de receitas previstas que ainda não foram realizadas. A dívida fundada compreende compromissos de exigibilidade superior a 12 meses, contraída para atender a desequilíbrio orçamentário ou utilizada para financiamento de obras e serviços públicos.

Outro critério para classificar a dívida pública prevê a dívida pública consolidada e a dívida consolidada líquida. A dívida pública consolidada compreende o montante total das obrigações financeiras, incluída a dívida decorrente da emissão de títulos e ainda a decorrente de precatórios judiciais não pagos. É a dívida total. A dívida consolidada líquida é menor do que a dívida consolidada, pois dela são deduzidas as disponibilidades de caixa, as aplicações financeiras e os demais haveres financeiros.

Definições adotadas pela legislação brasileira

A LRF apresenta definições para os conceitos de "dívida pública consolidada ou fundada" e para "receita corrente líquida". Para o primeiro conceito, diz o texto legal:

> Art. 29. [...]
> I — dívida pública consolidada ou fundada: montante total, apurado sem duplicidade, das obrigações financeiras do ente da Federa-

ção, assumida em virtude de leis, contratos, convênios ou tratados e de realização de operações de crédito, para amortização em prazo superior a doze meses.

O endividamento dos entes públicos deve atender a limites fixados pela legislação e por resoluções do Senado. A determinação desses limites leva em conta o montante da receita corrente líquida do estado, do município e do DF. Para tanto, a LRF definiu o que é receita corrente líquida:

> Art. 2º [...]
> IV — receita corrente líquida: somatório das receitas tributárias, de contribuições, patrimoniais, industriais, agropecuárias, de serviços, transferências correntes e outras receitas também correntes, deduzidos:
> a) na União, os valores transferidos aos Estados e Municípios por determinação constitucional ou legal, e as contribuições mencionadas na alínea a do inciso I e no inciso II do artigo 195 e no artigo 239 da Constituição;
> b) nos Estados, as parcelas entregues aos Municípios por determinação constitucional;
> c) na União, nos Estados e Municípios a contribuição dos servidores para o custeio do seu sistema de previdência e assistência social e as receitas provenientes da compensação financeira citada no parágrafo 9 do artigo 201 da Constituição.[49]

As operações de crédito por antecipação de receita

A dívida flutuante tem tratamento legal distinto. Sobre tais operações, denominadas "antecipação de receita orçamentária" (ARO) trata o art. 38 da LC nº 101/2000, a LRF:
a) somente podem ser contraídas a partir do 10º dia do início do exercício e têm de ser liquidadas até o dia 10 de dezembro do ano em que forem contraídas;

---

[49] Art. 2, inciso IV, da LRF.

b) não poderão ser contraídas enquanto existir operação anterior da mesma natureza não integralmente resgatada;
c) não poderão ser contraídas no último ano de mandato do presidente, governador ou prefeito;
d) devem ser realizadas com instituição financeira vencedora em processo competitivo eletrônico promovido pelo Banco Central do Brasil (BCB); e
e) não serão computadas para efeito do que dispõe a Constituição quanto ao limite de endividamento.

A dívida fundada deve atender a inúmeras condições estabelecidas pela legislação e tem limites fixados quanto ao volume e quanto a condições de amortização.

Requisitos para contratação de operação de crédito

O Ministério da Fazenda deve aprovar todas as operações de crédito de estados, municípios e DF, verificando o cumprimento dos limites e condições estabelecidos pela legislação para sua realização.[50]

É importante compreender que o papel atribuído ao Ministério da Fazenda é o de controlador, em nível nacional, da dívida pública. Não tem o ministério a função de verificar a conveniência, a oportunidade de realização da operação de crédito. Tal atribuição e responsabilidade são do estado, município ou DF.

O Ministério da Fazenda deve, apenas, observar se foram atendidos os requisitos para a contratação, entre os quais:
a) se há autorização legal específica, porque toda operação de crédito depende de aprovação legislativa;
b) se o pleito está fundamentado com parecer técnico e jurídico, demonstrando a relação custo/benefício e o interesse econômico e social da operação;

---

[50] Art. 32 da LRF.

c) se foram respeitados os limites fixados pelo Senado e se não excedem o montante das despesas de capital;
d) se a instituição financeira proponente assegura a observância das condições legais da operação e se a proposta é firme;
e) se a operação de empréstimo não está sendo feita no período de 180 dias antes do final do mandato do Executivo, período em que são vedadas as essas operações.

A manifestação do Ministério da Fazenda deve ocorrer rapidamente, sendo estabelecido um prazo de 10 dias.

Limites globais e critérios para adequação da dívida pública de estados, municípios e do DF

A Resolução nº 40/2001 do Senado Federal fixou os limites para as dívidas dos estados, municípios e do DF.

Como explicado, a aprovação desses limites e dos critérios adotados para cumprir os objetivos da responsabilidade fiscal foram fruto de enorme esforço de negociação entre as autoridades federais, estaduais e municipais. Como se constatou que a adequação a níveis razoáveis de endividamento por estados, municípios e pelo DF não poderia ser obtida imediatamente, foi previsto um prazo de 15 anos para a adequação a esses limites.

Assim, teve início em 2001 esforço que deve levar o país a uma nova situação, controlada e apropriada, em 2016. Durante esse período, as administrações estaduais e municipais devem empreender esforços continuados para se adequarem aos limites desejados.

Se os limites estabelecidos, em função da receita corrente líquida, forem observados mesmo antes do ano de 2016, novas operações poderão ser feitas, desde que se respeite o teto fixado.

A dívida consolidada líquida de estados e DF deverá ser, em 2016, igual ou inferior a duas vezes a receita corrente líquida. A dívida consolidada líquida de municípios deverá ser até um inteiro e dois décimos da receita corrente líquida.

A figura 7 mostra a evolução das dívidas de estados. São indicados números relativos às dívidas existentes em dezembro de 2002 e em dezembro de 2012.

Figura 7
Evolução da relação dívida consolidada líquida (DCL) sobre receita corrente líquida (RCL) — dez./2002 e dez./2012

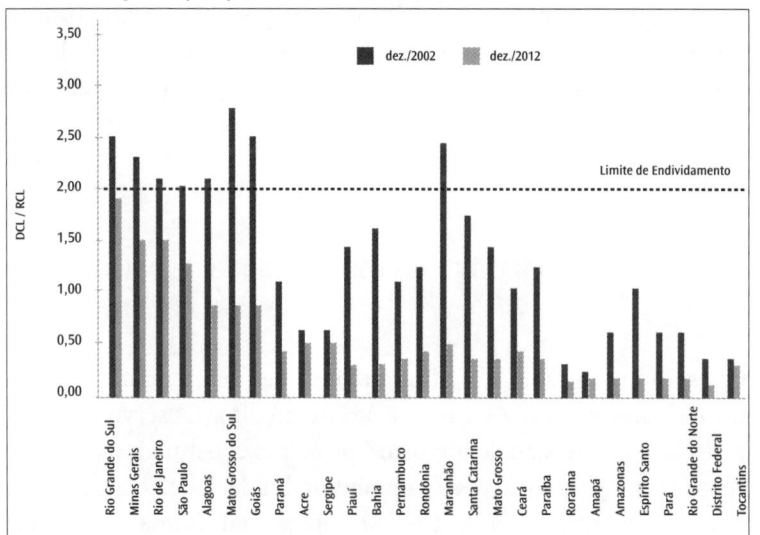

A quase totalidade dos estados obedece ao limite de DCL/RCl igual ou inferior a 2, sendo a média 1,05.
Razão de novas dívidas contratadas em um ano/RCL não superior a 16% e razão serviço anual dívida (principal e juros/RCL não superior a 13%.
Estados e municípios proibidos de emitir títulos até 2020. Após essa data, apenas se a razão DCL/RCL estiver abaixo de 1.

Fonte: <www.tesouro.fazenda.gov.br/documents/10180/268570/Kit+Portugues+07+07+14+.pdf/0f5cc-1f1-9ab5-48bd-8fc1-0d95e8448533>, p. 46. Acesso em: 12 jan. 2016.

Até 2016 deve haver uma trajetória de ajuste tendente a esses limites. O excedente deve ser reduzido anualmente na proporção de 1/15 a cada exercício financeiro.

Os estados, o DF e os municípios que não se adequarem aos limites definidos serão impedidos de realizar operações de crédito.

Outro critério deve ainda ser observado, em todos os casos. O montante global das operações realizadas em um exercício financeiro não poderá ser superior a 16% da receita corrente líquida. E o comprometimento anual com amortizações, juros e demais encargos da dívida consolidada não poderá exceder a 11,5% da receita corrente líquida.

Algumas críticas têm sido feitas aos limites estabelecidos, especialmente por governantes de estados e municípios de maior população e renda. Tais autoridades reclamam da inflexibilidade dos critérios definidos e justificam alterações em virtude das dimensões muito mais significativas dos problemas que têm de enfrentar, se comparados com os problemas de pequenos estados e municípios. Entretanto, essas ações não têm sido bem-sucedidas e os limites estão sendo mantidos.

Utilização de receitas futuras como garantia de operações de crédito

Questão interessante é analisar se pode ser apresentada a receita futura como garantia de operações de crédito. Observe-se que a vedação à vinculação de imposto é princípio constitucional. Acrescente-se o argumento sobre a impenhorabilidade de bens públicos. E, ainda, o argumento de que isso representaria uma preferência em favor de outros credores do Estado.

Efeitos do não pagamento da dívida: intervenção

O não pagamento da dívida fundada pelo prazo de dois anos consecutivos pode provocar a intervenção federal nos estados e no DF e a intervenção estadual nos municípios. Essa consequência está prevista na CRFB/1988.

Entretanto, o uso de tal medida extrema tem sido evitado. Admite-se o não pagamento por motivos de força maior.

A política de manutenção de superávit primário nas contas públicas e o pagamento dos empréstimos públicos

Há diversos anos, o Brasil, atendendo a recomendações feitas por organismos financeiros internacionais e à boa prática de administração financeira, passou a adotar política fiscal que visa manter anualmente superávit primário nas contas públicas. Isso significa encerrar o exercício fiscal e orçamentário com saldo positivo na conta de despesas, excluídas as despesas financeiras. Em outras palavras, deixar um superávit a ser utilizado para o pagamento de parte dos empréstimos públicos.

O critério adotado é o de separar das despesas públicas os gastos financeiros com a amortização dos empréstimos e com o pagamento dos juros, e considerar as receitas anuais. Deve haver um saldo na receita a ser utilizado para o pagamento, pelo menos parcial, das despesas financeiras decorrentes dos empréstimos. A esse saldo chama-se superávit primário. Sua manutenção, no decorrer dos sucessivos exercícios, demonstra preocupação com o cumprimento das obrigações assumidas. Estas, decorrentes de empréstimos, podem ser renovadas, mas o pagamento dos encargos com juros deve ser coberto com economia das despesas, com esforço para contenção de gastos.

É o que tem sido buscado no Brasil nos últimos anos. A manutenção de superávit primário tem sido diretriz estabelecida pela LDO.

Entretanto, os superávits obtidos não têm sido suficientes para o pagamento integral dos encargos com juros da dívida pública. Parte de tais encargos acaba sendo coberta com recursos obtidos por outros empréstimos.

A figura 8 mostra os superávits primários obtidos e os valores utilizados para o cumprimento integral das obrigações com o pagamento dos juros da dívida. Na realidade, temos ainda um déficit nominal em nossas contas.

Figura 8
Evolução do resultado primário (superávit fiscal) — 2003-2013

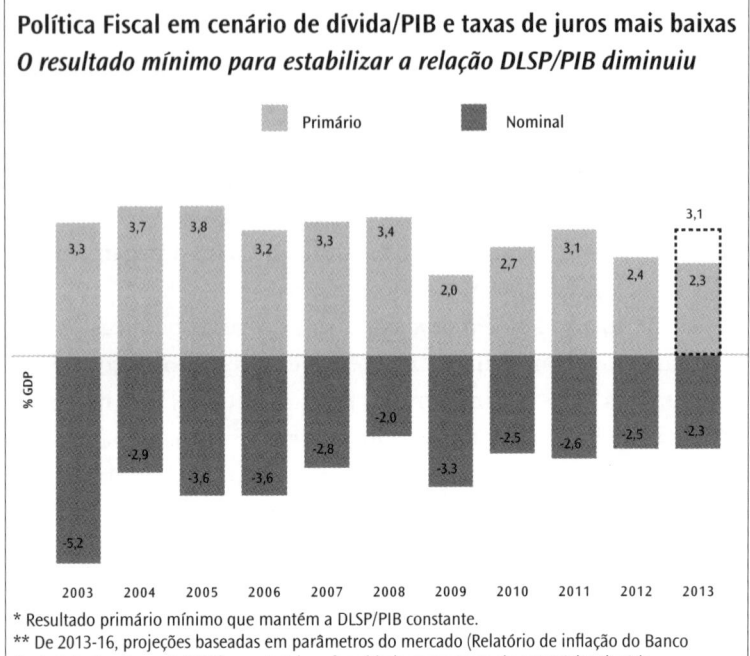

Política Fiscal em cenário de dívida/PIB e taxas de juros mais baixas
O resultado mínimo para estabilizar a relação DLSP/PIB diminuiu

Primário   Nominal

% GDP

Ano	Primário	Nominal
2003	3,3	-5,2
2004	3,7	-2,9
2005	3,8	-3,6
2006	3,2	-3,6
2007	3,3	-2,8
2008	3,4	-2,0
2009	2,0	-3,3
2010	2,7	-2,5
2011	3,1	-2,6
2012	2,4	-2,5
2013	3,1 / 2,3	-2,3

* Resultado primário mínimo que mantém a DLSP/PIB constante.
** De 2013-16, projeções baseadas em parâmetros do mercado (Relatório de inflação do Banco Central do Brasil — set. 2012) e em total conformidade com a meta do superávit primário.

Fonte: <www.tesouro.fazenda.gov.br/documents/10180/268570/Kit+Portugues+07+07+14+.pdf/0f5cc-1f1-9ab5-48bd-8fc1-0d95e8448533>, p. 3. Acesso em: 12 jan. 2016.

Capítulo 4

Despesa pública

Disposições constitucionais

No que se refere às despesas públicas encontramos na Constituição (CRFB/1988) diversas disposições.

É prevista a existência de lei complementar federal que deve dispor sobre exercício financeiro, orçamento público e estabelecer normas de gestão financeira e patrimonial das administrações direta e indireta. Tais normas devem estabelecer disposições aplicáveis às despesas públicas. Com esse objetivo foi aprovada a Lei Complementar (LC) nº 101/2000, que estabelece normas de finanças públicas voltadas para a responsabilidade na gestão fiscal, tratando também das despesas públicas. Deve ainda ser respeitada a Lei Federal nº 4.320/1964, aprovada há bastante tempo, e que trata também das despesas públicas. Essa lei, apesar de aprovada em 1964 como lei ordinária, pois não havia em nosso sistema jurídico a figura da lei complementar, é reconhecida pela doutrina e pelo Judiciário como lei complementar.

É assegurada competência para estados, municípios e DF legislarem supletivamente sobre direito financeiro e orçamento, respeitando as normas estabelecidas na Constituição e na legislação complementar federal.

São vedados o início de programas ou projetos não incluídos na lei orçamentária anual. É vedada a realização de despesas ou a assunção de obrigações diretas que excedam os créditos orçamentários ou adicionais. O que foi estabelecido na lei orçamentária deve ser respeitado. Para sua alteração devem ser adotados procedimentos especiais.

Os recursos correspondentes às dotações orçamentárias destinadas aos outros poderes devem ser entregues até o dia 20 de cada mês, de maneira a respeitar sua autonomia e independência.

Há, também, a previsão de limites máximos e mínimos para certas despesas públicas, incluídas entre elas as despesas com o pagamento de pessoal. Há previsão de fixação de limites mínimos para gastos com educação e com saúde.

Classificação da despesa pública

A Lei nº 4.320/1964 estabeleceu uma classificação das despesas, que passou a ser utilizada, desde então, nos orçamentos públicos.

As despesas públicas podem ser despesas correntes ou despesas de capital. As despesas correntes são as relativas à manutenção de serviços anteriormente criados, inclusive os destinados a atender a obras de conservação e adaptação de bens imóveis. As despesas de capital são as relativas a investimentos e inversões financeiras.

As despesas correntes destinam-se à manutenção do aparelho estatal, destinam-se ao pagamento de despesas necessárias para o exercício das funções públicas já assumidas pelo ente político e manutenção dos equipamentos públicos existentes. Abrangem:
1. As despesas de custeio, que correspondem às despesas relativas à manutenção de serviços anteriormente criados. São também despesas correntes as destinadas a atender a obras de conservação e adaptação de bens imóveis utilizados pela administração pública no exercício de suas atividades:
   a) pessoal civil;
   b) pessoal militar;
   c) material de consumo;
   d) serviços de terceiros; e
   e) encargos diversos.

2. As transferências correntes, que correspondem a despesas sem contraprestação direta em bens e serviços, inclusive para contribuições e subvenções destinadas a atender a manifestação de outras entidades de direito público ou privado:
   a) subvenções sociais;
   b) subvenções econômicas;
   c) inativos;
   d) pensionistas;
   e) salário família e abono familiar;
   f) juros da dívida pública;
   g) contribuições de previdência social; e
   h) diversas transferências correntes.

As despesas de capital abrangem:
1. Os investimentos, que correspondem às despesas para planejamento e execução de obras públicas, para aquisição de equipamentos, instalações e material permanente:
   a) obras públicas;
   b) serviços em regime de programação especial;
   c) equipamentos e instalações;
   d) material permanente; e
   e) participação em constituição ou aumento de capital de empresas ou entidades industriais ou agrícolas.
2. As inversões financeiras, que correspondem a despesas para aquisição de imóveis, aquisição de títulos representativos de capital de empresas:
   a) aquisição de imóveis;
   b) participação em constituição ou aumento de capital de empresas ou entidades comerciais ou financeiras;
   c) aquisição de títulos representativos de capital de empresa em funcionamento;
   d) constituição de fundo rotativo;
   e) concessão de empréstimos; e
   f) diversas inversões financeiras.

3. As transferências de capital, que correspondem a despesas que outras pessoas de direito público ou privado devem realizar, relativas a investimentos ou inversões financeiras, bem como para amortização da dívida pública:
   a) amortização da dívida pública;
   b) auxílios para obras públicas;
   c) auxílios para equipamentos e instalações;
   d) auxílios para inversões financeiras; e
   e) outras contribuições.

Essa é a classificação de despesas que deve ser observada nos orçamentos federal, estaduais, municipais e do DF. Adotada em 1964, é aplicada até hoje.

Fases da despesa pública

A realização da despesa pública deve ser feita respeitando três fases: empenho, liquidação da despesa e ordem de pagamento.

O empenho é o ato da autoridade competente que cria para o Estado a obrigação de pagamento, pendente ou não de implemento de condição. É vedada a realização de despesa sem prévio empenho, e o empenho não pode exceder o limite da dotação, dos créditos concedidos. O empenho registra a reserva dos recursos para a realização de determinada despesa.

É possível que, no decorrer do exercício, sejam tomadas medidas pelo Executivo para limitar a possibilidade de empenho, mesmo tratando-se de empenho que seria regular. Isso se torna às vezes necessário para que seja observada a devida programação de despesas, que devem acompanhar a realização das receitas previstas. A LDO federal tem estabelecido expressamente diversas despesas que não podem, durante o exercício, ser objeto de limitações de empenho.

A liquidação da despesa consiste na verificação do direito ao crédito, com base na verificação dos títulos e documentos comprobatórios das despesas, isto é, dos atos que a criaram e de elementos que comprovem sua efetiva realização. Os serviços e execução de obras devem ter observado a exigência de licitação pública, nos termos e condições da legislação específica. Deverão ser identificados formalmente: a) o contrato, ajuste ou acordo; b) a nota de empenho; e c) o comprovante da entrega do material ou prestação do serviço.

A ordem de pagamento é o despacho exarado por autoridade competente determinando que a despesa seja paga. O ordenador da despesa, com base na constatação do cumprimento das fases anteriores, determina o pagamento, que somente poderá ser feito por tesouraria, por estabelecimento bancário credenciado ou, em certas situações especiais, por adiantamento diretamente a terceiros.

A Lei de Responsabilidade Fiscal (LRF) estabeleceu disposições a respeito das ações governamentais que acarretem aumento de despesas[51] e exigências a serem observadas nas despesas obrigatórias de caráter continuado, assim entendidas aquelas que devem ser executadas por período superior a dois exercícios.[52]

Vinculação da receita de impostos

É importante frisar que na CRFB/1988 encontra-se afirmado o princípio geral da não vinculação da receita de impostos a órgão, fundo ou despesa. É a repetição, no texto da Lei Maior, de princípio que já é tradicional na teoria geral do direito financeiro e tributário. A receita de impostos, espécie tributária distinta das taxas e contribuições, não deve ser vinculada. Diferente é o tratamento da receita de outras espécies tributárias, como taxas e contribuições.

Entretanto, há, na atual Constituição brasileira, algumas hipóteses expressas de vinculação da receita de impostos. O princípio da não vinculação tem aplicação efetiva no que se refere à legislação complementar e ordinária. Em nível constitucional, o princípio não é absoluto, pois há situações em que a regra da vinculação

---

[51] Arts. 15 e 16 da LRF.
[52] Art. 17 da LRF.

é estabelecida. Tais hipóteses devem ser vistas como excepcionais, por contrariarem o princípio geral acima mencionado.

As hipóteses de exceção, em que se admite a vinculação, são:
a) a repartição do produto da arrecadação de impostos prevista na CRFB/1988, que se aplica ao IRRF, ITR, IPVA, ICMS, IR e IPI, que devem ser transferidos para municípios, estados e DF;
b) a destinação de recursos para ações e serviços públicos de saúde, nos termos do fixado pela Constituição e legislação complementar;[53]
c) a destinação de recursos para a manutenção e desenvolvimento do ensino;[54]
d) a destinação de recursos para atividades de administração tributária;[55]
e) a destinação de recursos para despesas em programas de irrigação, que necessariamente deverão ser direcionados, em sua maior parte, para as regiões Nordeste e Norte do país;[56]
f) é permitida a vinculação da receita de impostos para prestação de garantias de operações de crédito por antecipação de receita; e
g) é permitida a vinculação de receitas próprias geradas pelos impostos estaduais e municipais, bem como dos recursos transferidos conforme a CRFB/1988, para a prestação de garantia à União e para pagamentos de débitos a ela devidos.[57]

---

[53] Conforme dispõe o art. 198 da CRFB/1988 na redação dada pela Emenda Constitucional (EC) nº 29/2000.
[54] Conforme o art. 212 da CRFB/1988.
[55] Conforme previsto pela EC nº 42/2003.
[56] Conforme o art. 42 do ADCT. Tal previsão, que constava da redação original da CRFB/1988, foi alterada pela EC nº 43/2004.
[57] Conforme disposto no art. 167, §4º, da CRFB/1988. Essa possibilidade de vinculação foi admitida pela EC nº 3/1993 e pela CRFB/1988, e foi importante para viabilizar a renegociação de dívidas estaduais e municipais com o Tesouro Nacional, em 1997.

Observa-se, quando tais vinculações são analisadas em conjunto, que representam significativa parcela da arrecadação federal. A administração federal encontra-se, há tempos, fortemente pressionada pelo volume de tais vinculações, que são compulsórias. Elas reduzem a discricionariedade da administração para aplicar recursos em programas e projetos que considere prioritários.

É necessário reconhecer que o governo federal encontra-se de mãos atadas. Recolhe enorme volume de recursos da sociedade. Porém deve, em muitas situações, apenas distribuí-los. Essa tem sido uma característica de nosso sistema tributário e financeiro desde a aprovação da CRFB/1988, que teve um caráter marcadamente descentralizador e reduziu as receitas da União em favor dos estados, municípios e DF. A União teve, dessa maneira, reduzida sua possibilidade de atuação de forma discricionária.

A figura 9, elaborada com dados de 1970 a 2003, indica com muita clareza a evolução das vinculações no orçamento federal. Na parte superior temos a evolução dos valores de receitas vinculadas por determinação constitucional para transferência a estados, municípios e DF. São os valores correspondentes aos fundos de participação. Na parte inferior temos a evolução dos valores que são de livre alocação no orçamento federal. São as chamadas despesas discricionárias. E na parte intermediária, temos os valores de receitas que são vinculadas por serem decorrentes de contribuições, com aplicação já determinada ou de aplicação obrigatória em programas de educação e saúde, conforme exigências legais.

A partir de 1994 a figura mostra outra faixa, que representa a desvinculação de receitas orçamentárias federais, feitas, de início, através do Fundo Social de Emergência (FSE); depois, pelo Fundo de Equilíbrio Fiscal (FEF); e depois, pela Desvinculação de Receitas da União (DRU), todas essas medidas aprovadas excepcionalmente por meio de emendas constitucionais, que procuravam assegurar um pouco mais de liberdade para o Executivo na aplicação de recursos orçamentários.

Figura 9
Composição das receitas orçamentárias (1970-2003)

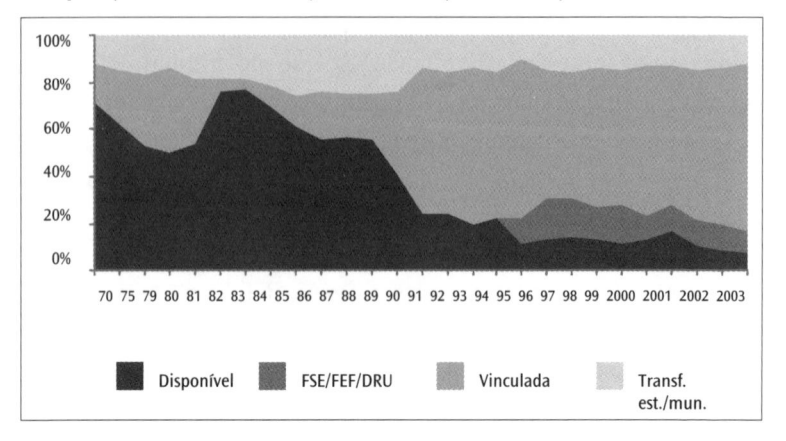

[Gráfico de áreas mostrando a composição das receitas orçamentárias de 1970 a 2003, com as categorias: Disponível, FSE/FEF/DRU, Vinculada, Transf. est./mun.]

Fonte: Francelmo Costa. Chefe da Assessoria Técnica da Secretaria de Orçamento e Finanças, Ministério do Planejamento. Seminários sobre a qualidade do gasto público — "Vinculação de receitas: problemas e perspectivas" — organizados pelo escritório do Banco Mundial no Brasil. Brasília, 19 de maio de 2004.
Obs.: Somente receitas do tesouro, desconsideradas as de colocação de títulos e de privatização.

Essa situação perdura até hoje. A figura teria se ampliado até 2013 com a mesma apresentação, inclusive com a reserva da DRU, que tem sido renovada por sucessivas emendas constitucionais.

As principais vinculações das receitas federais

Estudo realizado pelo Ministério do Planejamento indica o enorme volume dessas vinculações.[58]
As principais vinculações são:
1. IR e IPI: 47% da arrecadação do IR e 57% da arrecadação do IPI são distribuídos por meio dos fundos de participação e para financiamento do setor produtivo;
2. ITR: cuja receita é repartida (50%) com os municípios;

---

[58] MINISTÉRIO DO PLANEJAMENTO, ORÇAMENTO E GESTÃO (MPOG). *Vinculações de receitas dos orçamentos fiscal e da seguridade social e o poder discricionário de alocação de recursos do governo federal.* Brasília, DF: MPOG, 2003.

3. IOF ouro: parte da receita do IOF, aquela decorrente da utilização do ouro como ativo financeiro, é destinada integralmente para estados e municípios produtores;
4. 18% da arrecadação de todos os impostos são vinculados à manutenção e desenvolvimento do ensino;
5. custas judiciais: a União fica com 50%;
6. taxa de fiscalização de mercados de títulos e valores mobiliários: que fica com a Comissão de Valores Mobiliários (CVM);
7. taxa de fiscalização de mercados de seguro, capitalização e da previdência privada aberta: que fica com a Superintendência de Seguros Privados (Susep);
8. receita de concurso de prognósticos (loterias), cujo produto é totalmente vinculado;
9. recursos do crédito educativo e recursos do Fundo de Financiamento do Ensino Superior (Fies): destina-se ao financiamento estudantil;
10. Condecine: contribuição com destinação específica para o Fundo Nacional da Cultura;
11. salário-educação: cujos recursos estão vinculados ao Fundo Nacional de Desenvolvimento da Educação (FNDE) e são repartidos com estados e municípios;
12. cota parte do Adicional ao Frete para a Renovação da Marinha Mercante (AFRMM): com destinação específica para o Fundo da Marinha Mercante (FMM);
13. adicional sobre tarifas de passagens aéreas domésticas: destinado ao Fundo Aeroviário (Faer);
14. cota parte dos preços de realização dos combustíveis automotivos: destinado à Agência Nacional do Petróleo (ANP);
15. cota parte das compensações financeiras (excluídos os *royalties* do petróleo): repartidos com estados, municípios e com o DF;
16. *royalties* do petróleo: repartidos com estados, municípios e com o DF;
17. selos de controle — lojas francas: vinculado ao Fundo de Desenvolvimento e Administração da Arrecadação e Fiscalização (Fundaf)/MF;

18. PIS/Pasep: 60% destinado ao FAT e 40% ao BNDES;
19. CSLL: destinada ao financiamento da seguridade social;
20. Cofins: destinada ao financiamento da seguridade social;
21. contribuição para o INSS: totalmente destinada para o custeio dos benefícios previdenciários;
22. contribuição para o Plano de Seguridade Social do Servidor Público (PSSSP): com destinação específica;
23. Cide/combustíveis: com destinação específica e parte destinada a estados, municípios e ao DF;
24. Cide/tecnologia: com destinação específica em projetos do Fundo Nacional de Desenvolvimento Científico e Tecnológico (FNDCT);
25. Fundo da Universalização dos Serviços de Telecomunicações (Fust): para aplicação no sistema de telecomunicações;
26. Fundo para o Desenvolvimento Tenológico das Telecomunicações (Funtel): para aplicação no sistema de telecomunicações;
27. juros de mora da receita administrada pela SRF/MF: destinada ao Ministério do Planejamento;
28. multas incidentes sobre receita administrada pela SRF/MF: destinada ao Fundo de Desenvolvimento e Administração da Arrecadação e Fiscalização (Fundaf);
29. alienação de bens apreendidos: destinada ao Fundaf e ao Ministério da Previdência;
30. reforma patrimonial — alienação de bens: destinado a programas habitacionais de caráter social;
31. doações de entidades internacionais ou de pessoas ou instituições privadas nacionais: conforme contratos; e
32. receita de honorários de advogados: Fundaf.

A desvinculação da receita da União (DRU)

Outra disposição com efeitos na vinculação de receitas encontra-se prevista no texto constitucional. A disposição prevê a possibilidade de não serem respeitadas, em certas situações, as regras constitucionais de vinculação da receita de tributos. O tratamento diferenciado justificou-se em virtude de uma situação emergencial. Encontra-se previsto no Ato das Disposições Constitucionais Transitórias (ADCT) e tem, consequentemente, caráter provisório.

Não se trata de uma efetiva vinculação de receitas. Ao contrário, trata-se de uma desvinculação da receita. É a autorização constitucional para que o Poder Executivo fique livre das restrições orçamentárias para a realização de gastos que seriam vinculados até certo limite do orçamento. Esse limite é fixado em 20% para as receitas de certos tributos. É uma reserva estabelecida para ser aplicada da forma que o Poder Executivo entender mais conveniente. Os critérios e limitações estabelecidos pelo orçamento valem, dessa maneira, para 80% de certas receitas.

Tal previsão constitucional tem sido frequentemente criticada pelos estudiosos do direito financeiro. Justificou-se, à época em que foi inserida na Constituição, pela necessidade de enfrentar as dificuldades decorrentes da implantação de planos e medidas econômicos de emergência. Entretanto, tal previsão estendeu-se por meio da aprovação de sucessivas emendas constitucionais e encontra-se em vigor até hoje.

A DRU foi introduzida pela EC de Revisão nº 1, em 1º de março de 1994. Foi prorrogada pela nº EC 17/1997, pelas ECs nos 26, 27 e 31 em 2000, pelas ECs nos 42/2003, 53/2006, 59/2009, 64/2010 e 68/2011.

Representa, inquestionavelmente, uma negação dos princípios e objetivos mais saudáveis do direito financeiro.

Limites para despesas correntes: gastos com pessoal, gastos em saúde e educação

Entre as disposições constitucionais mais relevantes que se relacionam com o direito financeiro, é preciso mencionar a preocupação com o estabelecimento de limites para as despesas com o pagamento do pessoal do serviço público. Procurou o constituinte limitar a despesa com o pessoal na área pública. E o fez determinando que a legislação complementar estabelecesse esses limites.

Constituições anteriores estabeleceram princípios muito importantes aplicáveis ao ingresso do servidor e sua progressão nas carreiras do serviço público. A exigência de concurso público para ingresso, a previsão de um sistema de classificação de cargos e de progressão por merecimento foram fundamentais para reduzir o "apadrinhamento" e a política de favores que se havia instalado na administração pública. A criação do Departamento Administrativo do Serviço Público (Dasp), na década de 1930, e a fixação de regras sobre o serviço público na Constituição de 1946 foram passos nessa direção.

Em 1988 a Constituição previu que lei complementar fixaria limite global de gastos com o pessoal.[59] Foi o reconhecimento do elevado custo do "quadro de pessoal" no setor público. Foi intenção do constituinte procurar direcionar os gastos públicos para investimentos em serviços públicos. A regra passou a ser obrigatória para toda a administração. Foi medida salutar, mas insuficiente para se obter desempenho mais eficiente do serviço público.

A Lei Complementar nº 101/2000 estabeleceu tais limites. Eles são fixados em relação à despesa global e em relação a cada um dos poderes, do Ministério Público e do Tribunal de Contas.[60]

Como previsto na Constituição, foi estabelecido um prazo para adaptação das despesas dos estados, municípios e do DF a tais limites, no caso de serem superiores ao que fixou a lei complementar. Findo esse prazo podem ser suspensos os repasses de verbas federais ou estaduais aos estados, ao DF e aos municípios que não observarem os limites estabelecidos.[61]

Para a redução das despesas com pessoal e adequação aos limites definidos, devem ser reduzidos os cargos em comissão e funções de confiança ou extintos cargos públicos efetivos, conforme critérios especiais de indenização dos servidores.[62]

---

[59] Art. 169 da CRFB/1988.
[60] Arts. 18 a 20 da LRF.
[61] Art. 169, § 2º, da CRFB/1988.
[62] Art. 169, §§ 3º a 7º, da CRFB/1988.

Os limites máximos para despesas com pessoal foram fixados na LRF. Foram estabelecidos em relação ao montante da receita corrente líquida. Para a União, esse limite é de 50% e para os estados e municípios e DF é de 60%.

O limite também se aplica aos diversos poderes e ao Ministério Público. São fixados os seguintes percentuais no âmbito da União:
a) Legislativo e Tribunal de Contas da União (TCU): 2,5%;
b) Judiciário: 6%;
c) Ministério Público: 0,6%; e
d) Executivo: 40,9%.

No âmbito de estados, municípios e DF os limites são:
a) Legislativo estadual e Tribunal de Contas estadual (TCE): 3%;
b) Judiciário estadual: 6%;
c) Ministério Público estadual: 2%;
d) Executivo estadual: 49%;
e) Legislativo municipal e Tribunal de Contas municipal (TCM): 6%; e
f) Executivo municipal: 54%.

É preciso mencionar, ainda, a preocupação manifestada pela CRFB/1988 com as despesas públicas nas áreas de educação e saúde. A Constituição estabeleceu limites mínimos de gastos anuais que devem ser obrigatoriamente aplicados nessas áreas, em função da arrecadação da União, dos estados e municípios e do DF. Foi uma solução "matemática", como se para a União, para todos os estados e municípios as necessidades mínimas de atendimento à educação e à saúde fossem as mesmas.

O art. 77 do ADCT determinou a obrigatoriedade de aplicação mínima de recursos públicos em despesas com saúde:
a) para a União: o montante empenhado em ações e serviços públicos de saúde no ano anterior, corrigido pela variação do PIB;
b) para estados e DF: 12% do produto da arrecadação dos impostos e transferências constitucionais federais, deduzidas as parcelas transferidas para os municípios; e

c) para municípios: 15% do produto da arrecadação de impostos e das transferências constitucionais federais e estaduais.

O art. 212 da CRFB/1988 estabeleceu a obrigatoriedade de aplicação mínima de recursos públicos em despesas com educação, estabelecidos como percentagem da receita resultante de impostos, compreendendo, para estados, DF e municípios, a receita proveniente de transferências:
a) para a União: 18%, deduzidas as transferências constitucionais para estados, DF e municípios;
b) para estados e DF: 25%, deduzidas as transferências constitucionais para os municípios; e
c) para municípios: 25%.

Programas suplementares de alimentação e assistência à saúde do educando serão financiados com recursos provenientes das contribuições sociais e outros recursos orçamentários. Gastos com essas finalidades não podem ser utilizados para o atendimento do limite mínimo de gastos em educação (§ 4º do art. 212 da CRFB/1988).

A educação básica pública terá como fonte adicional de financiamento a contribuição social do salário-educação. Tais recursos serão distribuídos em cotas municipais e estaduais, proporcionalmente ao número de alunos matriculados na educação básica nas respectivas redes públicas de ensino (§ 5º e § 6º do art. 212 da CRFB/1988).

Passados já diversos anos da aprovação dessas normas limitadoras para a aplicação de recursos públicos, não se pode assegurar que os padrões de prestação dos serviços de educação e de saúde sejam, atualmente, adequados. Talvez a fixação de limites apenas quantitativos não seja o critério mais apropriado.

Despesas para pagamento de precatórios judiciais

O precatório judicial é a solicitação efetuada pelo Poder Judiciário para pagamento de débitos, decorrentes de decisões judiciais, devidamente apurados, líquidos e certos.

Para o cumprimento de decisões judiciais em que são determinados pagamentos a serem feitos pela administração pública, esta tem uma prerrogativa especial. Após apurados nos processos judiciais os valores dos débitos de sua responsabilidade, o Poder Executivo deve receber uma solicitação especial, denominada precatório, que é remetida pelo chefe do Poder Judiciário para o chefe do Poder Executivo, pedindo as providências necessárias para o devido pagamento. O Executivo deve prever no orçamento anual recursos para o pagamento desses precatórios e, dessa forma, atender aos precatórios judiciais encaminhados.

A Lei nº 4.320/1964 estabeleceu que os precatórios devem ser pagos na ordem cronológica de sua apresentação. O art. 67 da lei determina que o orçamento deve prever créditos para tal fim, não individualizados.

Porém, a realidade da execução orçamentária, nos níveis federal, estadual e municipal mostrou que, apesar da clareza e objetividade das determinações da legais, os precatórios não são pagos quando apresentados.

O não atendimento a precatório, mesmo em virtude da inexistência de recursos, caracteriza descumprimento de ordem judicial, infração de natureza política que implica responsabilidade do administrador público. Apesar de instigado inúmeras vezes a acatar essa determinação legal e afastar a autoridade pública, o Poder Judiciário não tem responsabilizado as autoridades do Executivo. Acaba cedendo às justificativas de inexistência de recursos e da impossibilidade de paralisar serviços públicos para atender esses pagamentos.

Daí a existência da "crise dos precatórios", que perdura há décadas na administração pública brasileira. Não têm sido bem-sucedidas as tentativas de eliminar a "fila" dos precatórios. E tem sido tolerada a reiterada infração praticada pelas autoridades do Executivo ao não efetuarem, a tempo, os pagamentos devidos.

A Constituição de 1988

Em 1988, a Constituição procurou tratar da questão e estabelecer regras que disciplinassem o pagamento dos precatórios judiciais.

Estabeleceu que o precatório recebido até 1º de julho deve ser incluído no orçamento do ano seguinte. Foi estabelecida, dessa forma, uma situação especial, em favor do Tesouro, para os precatórios entregues no segundo semestre. Representou um privilégio para o Estado, em virtude da necessidade do planejamento das despesas a serem incluídas no orçamento. Se entregues no segundo semestre, somente serão incluídos no orçamento do ano seguinte.

Como se verificou que era muito grande o volume de precatórios a serem pagos, surgiu a proposta, quando das discussões na Constituinte, de se estabelecer um parcelamento para débitos decorrentes de condenações judiciais pendentes em agosto de 1988. O art. 33 do ADCT previu que tais débitos poderiam ser pagos em oito parcelas anuais, iguais e sucessivas, a partir de 1º de julho de 1989. Foi um parcelamento de dívidas feito unilateralmente, pelo devedor. Os credores, que são milhares, tiveram que aceitar a determinação constitucional e aguardar o pagamento das parcelas a vencer.

A Constituição estabeleceu também, no *caput* do art. 100, que precatórios de natureza alimentar não devem estar sujeitos a ordem cronológica. Há necessidade, no entanto, de se respeitar a ordem entre os precatórios alimentares. Há, assim, duas ordens cronológicas. Sobre esse assunto há a Súmula nº 655, do Supremo Tribunal Federal (STF):

> A exceção prevista no artigo 100, *caput*, da Constituição, em favor dos créditos de natureza alimentícia, não dispensa a expedição de precatório, limitando-se a isentá-los da ordem cronológica dos precatórios decorrentes de condenação de outra natureza.

O débito decorrente dos precatórios deve ser atualizado até a data de seu efetivo pagamento. De início entendeu-se que a atualização deveria ser feita apenas até a data de 1º de julho do exercício anterior, entendimento que não foi aceito pelos tribunais. A jurisprudência entendeu ainda que, efetuado o pagamento até o final do exercício seguinte, não são devidos juros moratórios, por não se caracterizar inadimplência por parte do Estado.

As importâncias consignadas no orçamento ficam à disposição do presidente do Tribunal de Justiça. Cabe ao Judiciário determinar o pagamento. Não pode o Executivo autorizar o pagamento aos credores.

Se os recursos orçamentários forem insuficientes, o Executivo não é obrigado a abrir crédito adicional. Entendeu-se que o Executivo não pode ser compelido a fazer o impossível, na hipótese de impossibilidade material de atender ao pedido. Os débitos passam a integrar a "fila" dos precatórios a pagar.

A "crise dos precatórios", em que pese o tratamento dado pela Constituição de 1988 ao tema e o entendimento dos tribunais, muitas vezes favoráveis à Fazenda Pública, incapaz de atender as demandas por pagamentos, não foi solucionada.

As emendas constitucionais nº 30/2000 e nº 37/2002

Em 2000 foi aprovada, numa nova tentativa de encontrar uma solução para o pagamento dos precatórios judiciais, a Emenda Constitucional nº 30, que introduziu novas regras a respeito.

Foi admitido novo parcelamento para débitos pendentes em setembro de 2000. Poderiam ser pagos pelo prazo máximo de 10 anos, pelo valor real, em parcelas anuais e sucessivas, com juros legais. Depois do parcelamento em oito anos, previsto em 1988, tivemos outro parcelamento compulsório, desta vez em 10 anos.

Foi permitida a cessão de créditos para terceiros. Os detentores de créditos de precatório poderiam ceder seus direitos a terceiros. Isso deu origem a um mercado livre de compra de créditos. Os compradores exigiam deságio nos valores dos créditos, muitas vezes aviltante.

O parcelamento não poderia ser feito para precatórios de natureza alimentícia, como tal compreendidos aqueles decorrentes de salários, vencimentos, proventos, pensões, benefícios previdenciários e indenizações fundadas na responsabilidade civil.

A Emenda Constitucional nº 30/2000 previu que também não se submetem à ordem cronológica, além dos precatórios de natureza alimentícia, as obrigações definidas em lei como de pequeno valor.

Em 2002 foi aprovada a Emenda Constitucional nº 37, que alterou alguns dos dispositivos dos arts. 100 da CRFB/1988 e 86 e seguintes do ADCT, tratando dos precatórios de pequeno valor, podendo estes ser pagos em duas parcelas.

A Emenda Constitucional nº 62/2009

Após inúmeras tentativas e propostas de emendas constitucionais, entre as quais a PEC nº 12/2006, apresentada pelos presidentes do Senado e do STF, foi aprovada, em 2009, a Emenda Constitucional nº 62, que trouxe inovações.

A Emenda Constitucional nº 62 instituiu a obrigatória vinculação de parcela da receita corrente líquida de estados, municípios e do DF para a quitação de precatórios vencidos. Dotação especial para tal fim deveria ser prevista nos orçamentos. O pagamento de precatórios vencidos seria feito por meio de leilões.

Estabeleceu, também, regras novas para a quitação de precatórios nos termos do art. 100 da CRFB/1988. Tais regras, entre outras, disciplinaram a compensação de créditos entre a Fazenda e os credores, estabeleceram critérios para a correção do valor dos precatórios, estabeleceram a possibilidade de parcelamento dos precatórios por mais 15 anos e previu regras de preferência para credores.

Tal emenda constitucional foi objeto de duas ações diretas de inconstitucionalidade (Adins), as de nos 4.357 e 4.425. A emenda foi denominada, pela direção da OAB, de "emenda do calote dos precatórios". Em março de 2013, o STF declarou inconstitucional o art. 97 do ADCT, introduzido pela Emenda Constitucional nº 62, que tratava do estabelecimento de um regime novo para a quitação dos precatórios por meio da criação de uma dotação especial constituída por meio de vinculações da receita corrente líquida estadual e municipal e da sistemática dos leilões para quitação dos precatórios. Declarou, igualmente, inconstitucional parte das inovações introduzidas no art. 100 da Constituição.

Vale reproduzir palavras do ministro Luis Fux a respeito da emenda questionada:

> É preciso que a criatividade dos nossos legisladores seja colocada em prática conforme a Constituição de modo a erigir um regime regulatório dos precatórios que resolva essa crônica problemática institucional brasileira sem, contudo, despejar nos ombros do cidadão o ônus do descaso que nunca foi o seu.[63]

A relevância desta questão é evidenciada por alguns números: estima-se que haja mais de um milhão de brasileiros à espera do pagamento de precatórios, e estima-se que o montante devido ultrapasse *R$ 100 bilhões!*

Perfil dos gastos públicos do governo federal

É interessante observar o comportamento dos gastos públicos do governo federal nos últimos anos. Como explicado nas seções anteriores, são inúmeras as vinculações estabelecidas pela legislação para os gastos públicos, e há enorme pressão para a alocação de recursos em programas sociais, fruto das inovações trazidas nesse campo pela CRFB/1988 e ampliadas por diversos governos.

O quadro 7, extraído das informações contidas no trabalho dos professores Fernando Rezende e Armando Cunha, anteriormente citado,[64] mostra a composição dos gastos não financeiros do governo federal, indicados como percentagem do PIB.

---

[63] Voto do ministro no julgamento das Adins nº 4357 e nº 4425, conforme "Notícias do STF". Disponível em: <http://m.stf.jus.br/portal/noticia/verNoticiaDetalhe.asp?idConteudo=233520>. Acesso em 12 jan. 2016.

[64] REZENDE, Fernando; CUNHA, Armando. *A reforma esquecida*: orçamento, gestão pública e desenvolvimento. Rio de Janeiro: Editora FGV, 2013.

Quadro 7
Gastos não financeiros do governo federal — 1999-2010 (em % do PIB)

Anos	Pessoal	INSS	Custeio Administrativo	Custeio Social e educação	Gastos Sociais	Investimentos	Outros
1999	4,5	5,5	1,6	1,8	0,6	0,5	0,1
2000	4,6	5,6	1,5	1,8	0,6	0,7	0,1
2001	4,8	5,8	1,0	1,8	0,9	1,2	0,1
2002	4,8	6,0	1,1	1,8	1,0	1,0	0,1
2003	4,5	6,3	1,2	1,7	1,0	0,4	0,1
2004	4,3	6,5	1,2	1,7	1,2	0,6	0,1
2005	4,3	6,8	1,5	1,8	1,3	0,6	0,1
2006	4,5	7,0	1,4	1,7	1,6	0,7	0,1
2007	4,4	7,0	1,5	1,8	1,6	0,8	0,1
2008	4,3	6,6	1,1	1,8	1,6	0,9	0,1
2009	4,7	6,9	1,1	1,9	1,9	1,1	0,1
2010	4,4	6,8	1,1	2,0	1,8	1,2	0,1

Fontes: Tesouro Nacional e Sistema Integrado de Administração Financeira do Governo Federal (Siaf).
Obs.: Exclui capitalização da Petrobras em 2010.

Observa-se claramente o efeito dos gastos com o sistema previdenciário e com os gastos sociais no total dos gastos públicos. Verifica-se pequena redução nos gastos com pessoal e com o custeio administrativo. E constata-se como é pequeno o peso dos investimentos, à conta do orçamento público, do governo federal.

Se somarmos os gastos com investimentos de estados e municípios, os valores quase que triplicam. São de 1,55% do PIB em 1999, de 1,66% em 2005, e de 2,48% em 2009. Se adicionarmos os gastos com investimentos das estatais federais, os valores aumentam para 2,34% em 1999, 2,68% em 2005, e 4,38% em 2009 (dados extraídos do trabalho citado). É realmente muito pequena a capacidade de investimento do governo federal, por conta de recursos do orçamento. Os estados e municípios investem mais do que a União. E as empresas estatais federais aumentam consideravelmente o volume dos investimentos públicos.

A figura 10 mostra a evolução recente dos valores do investimento público, em proporção ao PIB/anual, considerados os investimentos da União, estados, municípios, DF e empresas federais.

Figura 10
Evolução dos gastos públicos com investimentos — 2003-2012 (em % do PIB)

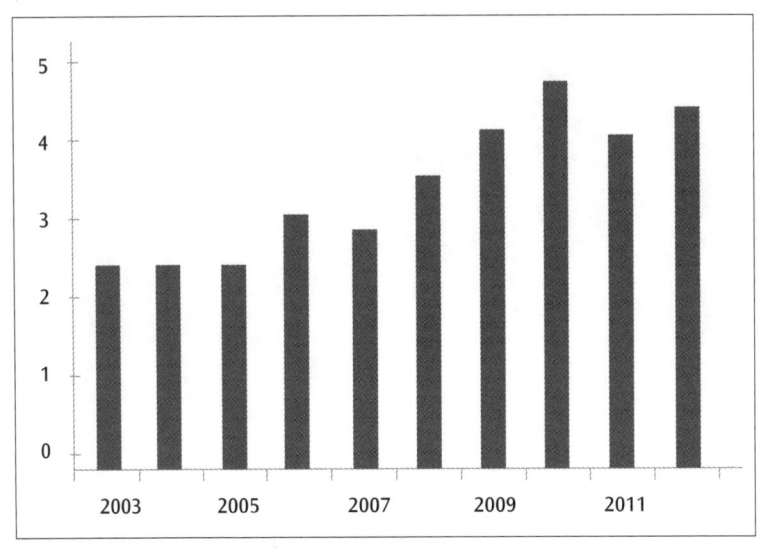

Fonte: elaboração do autor a partir de dados de: Tesouro Nacional, Dívida Pública Federal Brasileira. Brasília, 13 jan. 2014, p. 12.

São reduzidos os gastos públicos com investimentos. A manutenção do aparelho público atual e dos gastos já comprometidos com os serviços públicos oferecidos consome quase a totalidade do orçamento. Não há margem para investimentos novos. Estes, para serem sustentados por recursos públicos, somente poderiam crescer se houvesse enorme redução de gastos públicos ou aumento de receitas, especialmente a tributária.

Uma única solução se mostra viável para a expansão do investimento: a ação estatal feita em cooperação com o setor privado. São os novos programas de parcerias público-privadas e os programas de concessões de obras e serviços públicos. Este parece ser o grande desafio das administrações públicas no Brasil, tanto federal quanto estaduais e municipais.

Capítulo 5

Plano de contas. Sistemas contábeis. Portaria nº 184/STN

Dispõe o art. 1º da Lei nº 4.320/1964:

Esta lei estatui normas gerais de direito financeiro para elaboração e controle dos orçamentos e balanços da União, dos Estados, dos Municípios e do Distrito Federal, de acordo com o disposto no art. 5º, XV, b, da Constituição Federal.

A Lei nº 4.320/1964 teve como um de seus objetivos estabelecer critérios e normas obrigatórias para a União, estados, municípios e para o DF no que se refere à elaboração, execução e controle dos orçamentos. Desde então é adotada a mesma classificação de receitas e despesas públicas em todo o país, em categoriais econômicas próprias. Torna-se possível, dessa maneira, uma análise mais apropriada dos diversos orçamentos, o que permite controle mais efetivo das finanças públicas. Em oito títulos (arts. 2º a 82), estabelece regras sobre o conteúdo da lei do orçamento, da proposta orçamentária, da discussão da lei do orçamento, do exercício financeiro, dos créditos adicionais, dos fundos especiais, bem como da execução do orçamento e controle da execução orçamentária.

A lei em comento preocupou-se igualmente com o estabelecimento de conceitos que devem ser adotados na contabilidade pública, e que devem ser observados na administração orçamentária, financeira, patrimonial e industrial. No título nono (arts. 83 a 106), trata da contabilidade pública.

O art. 85 estabelece:

Os serviços de contabilidade serão organizados de forma a permitirem o acompanhamento da execução orçamentária, o conhecimento da composição patrimonial, a determinação dos custos industriais, o levantamento dos balanços gerais, a análise e a interpretação dos resultados econômicos e financeiros.

O novo regime da contabilidade pública

Em 2007, a Lei nº 11.638 determinou que as empresas abertas, no setor privado, deveriam mudar seus sistemas de contabilidade para se adequar ao modelo internacional conhecido como International Financial Report Standards (IFRS). Essa iniciativa foi consequência da internacionalização da economia e da necessidade de serem adotados padrões contábeis conhecidos e confiáveis por investidores estrangeiros.

A migração do sistema de contabilidade pública para padrões internacionais, objeto da Portaria nº 184/2008 do MF, se fez no mesmo contexto. A citada portaria prevê o estabelecimento de diretrizes a serem observadas no setor público quanto aos procedimentos, práticas, elaboração e divulgação das demonstrações contábeis, de forma a torná-las convergentes com as normas internacionais de contabilidade aplicadas ao setor público.

O Decreto nº 6.976/2009 dispôs sobre o sistema de contabilidade federal, atribuindo à Secretaria do Tesouro Nacional (STN) as funções de órgão central do sistema, que tem como objetivo:
a) a padronização e consolidação das contas nacionais;
b) a busca de convergência aos padrões internacionais de contabilidade, respeitados os aspectos formais e conceituais estabelecidos na legislação vigente; e
c) o acompanhamento contínuo das normas contábeis aplicadas ao setor público, de modo a garantir que os princípios fundamentais da contabilidade sejam respeitados no âmbito do setor público.

A adoção de novos critérios visa dar maior visibilidade à situação patrimonial da União, estados, municípios e do DF, tirando o foco da análise apenas do resultado fiscal. É necessário o registro de ativos e passivos com valores mais próximos da realidade, tornando possíveis análises mais apropriadas da situação patrimonial. Forçosamente, deverá ser feita uma reavaliação dos ativos patrimoniais do poder público, como prédios, participação em empresas, máquinas e equipamentos e bens de uso público, como praças, florestas, rodovias etc.

A criação de sistema integrado de administração financeira e controle (SIAFC)

Em 2009 foi alterado, pela Lei Complementar nº 131, o art. 48 da LRF, prevendo a adoção de sistema integrado de administração financeira e controle (SIAFC) que atenda a padrão mínimo de qualidade estabelecido pelo Poder Executivo da União.

A edição do Manual de contabilidade aplicada ao setor público (MCASP)

A STN passou a normatizar, por meio do MCASP, de portarias e normas técnicas às práticas contábeis do setor público no Brasil. Fixa, também, as instruções de procedimentos contábeis (IPCs).

A quinta edição do MCASP, aplicado à União, estados, Distrito Federal e municípios, foi objeto da Portaria STN nº 437/2012 e Portaria Conjunta STN/MF nº 2/2013.

O novo sistema de contabilidade pública que está sendo implantado no Brasil passou a prever a elaboração e divulgação de balanços orçamentário, financeiro e patrimonial, demonstrativo de variações patrimoniais, fluxo de caixa e resultado econômico.

O gestor público não deve se preocupar apenas com a execução orçamentária com base na disponibilidade financeira. Deve preocupar-se também com a adoção de sistema de custos, indicadores de desempenho e avaliação patrimonial.

A implantação do Plano de Contas Aplicado ao Setor Público (PCASP)

O plano de contas é a estrutura básica da escrituração contábil, que é formada por um conjunto de contas previamente estabelecido, que torna possível obter as informações necessárias à elaboração de demonstrações contábeis e relatórios gerenciais.

Um PCASP sob a coordenação da STN está sendo implantado nos últimos anos para a União, estados, Distrito Federal e municípios. Versões foram publicadas pela STN para os anos de 2013 e 2014.

As normas do International Public Sector Accounting Standards (IPSAS)

A correta e padronizada informação contábil é preocupação de entidades internacionais, como a International Federation of Accountants (IFAC), organização que edita normas referentes aos padrões éticos da contabilidade e normas relativas à contabilidade do setor público. Entre elas estão as normas estabelecidas no International Public Sector Accounting Standards (IPSAS).

O IPSAS é um órgão independente da IFAC. Procura adaptar, quando possível, critérios estabelecidos pelo IFRS aplicáveis ao setor público. O objetivo do IPSAS é aumentar a qualidade de relatórios financeiros de entidades do setor público, levando à melhoria dos relatórios informativos sobre a alocação de recursos públicos e aumentando a transparência e fidedignidade das informações.

O IPSAS é utilizado por diversas organizações intergovernamentais, como a Comunidade Europeia, OCDE, Otan e por programas da ONU, como Unicef, FAO, Unesco etc., e é adotado por mais de uma centena de países. Sua adoção é considerada boa prática na área de finanças públicas.

As normas do Conselho Federal de Contabilidade (CFC)

O CFC, órgão de representação da classe contábil no Brasil, também edita normas a respeito. Entre elas, a NBC T 16.1, que trata das normas brasileiras de contabilidade aplicadas ao setor público.

Capítulo 6

Controle da execução do orçamento

Fiscalização financeira e orçamentária exercida pelo Legislativo e pelo Tribunal de Contas

Ao dispor a respeito da organização e funções do Poder Legislativo, o texto constitucional disciplinou, em seção própria, os procedimentos a serem observados para a *fiscalização contábil, financeira e orçamentária* (arts. 70 a 75). É a seção IX do capítulo I do título IV da Constituição (CRFB/1988). Esse título IV trata da *organização dos poderes*, e o capítulo I trata do *Poder Legislativo*.

A fiscalização financeira e orçamentária é atribuição do Poder Legislativo, que possui a responsabilidade constitucional de estabelecer os parâmetros para a gestão das finanças públicas e controlar o desempenho das autoridades executivas. Pode efetuar investigações a respeito do uso dos recursos públicos. Pode responsabilizar agentes públicos por atos irregulares. O Poder Legislativo não possui, porém, a prerrogativa de aplicar penalidades de caráter civil ou penal. Seu poder vai até o limite da imposição das sanções de natureza política decorrentes da ocorrência de crime de responsabilidade. Verificada a ocorrência de atos irregulares na gestão das finanças públicas, caracterizados como atos de improbidade administrativa ou contrários ao orçamento, deverá ser instaurado procedimento no Legislativo para apurar a eventual caracterização de crime de responsabilidade da autoridade pública, que poderá levar à destituição do cargo.

Caberá ao Poder Judiciário, e não ao Poder Legislativo, por iniciativa do próprio Poder Legislativo ou do Ministério Público, aplicar as sanções de natureza civil e penal decorrentes desses atos de improbidade administrativa. No exercício dessa função fiscalizadora, o Poder Legislativo conta com a assessoria do Tribunal de Contas, que tem atribuição para exercer atos de controle das despesas públicas, realizar inspeções e verificações. Da mesma forma que o Poder Legislativo, não possui o Tribunal de Contas poder para exercer função judiciária, visto que não integra o Poder Judiciário. É órgão de assessoria do Poder Legislativo. Entretanto, a Constituição prevê que, nos termos da lei, o tribunal pode aplicar sanções aos responsáveis pelas irregularidades, inclusive multa, que será proporcional ao dano causado ao erário. Poderá, ainda, ordenar a sustação de ato impugnado, comunicando ao Legislativo sua decisão, que deverá suspender seus efeitos.

A existência de um Tribunal de Contas está prevista na legislação de diversos países. O primeiro de que se tem notícia, como indica Dejalma de Campos, foi criado na França, durante o governo de Napoleão I. Devido a sua eficiência, muitos países o adotaram. Ensina ainda Dejalma de Campos:

> No Brasil, o Tribunal de Contas foi instituído com o advento da República. O primeiro Tribunal foi criado por Rui Barbosa, pelo Decreto número 996-A, de 07/11/1890, quando ele integrava o Governo Provisório, na qualidade de Ministro da Fazenda.[65]

Há disposições constitucionais que dizem respeito ao exercício dessa fiscalização financeira e orçamentária.[66]

Os três poderes manterão sistemas de controle interno referente às suas receitas e despesas com a finalidade de:
   a) avaliar o cumprimento das metas estabelecidas no plano plurianual, a execução dos programas de governo e do orçamento;

---
[65] CAMPOS, Dejalma de. *Direito financeiro e orçamentário*. São Paulo, Atlas, 2006. p. 68.
[66] Arts. 70 a 75 da CRFB/1988.

b) comprovar a legalidade e avaliar os resultados, quanto à eficácia e eficiência da gestão orçamentária, financeira e patrimonial; e
c) exercer o controle das operações de crédito, avais e garantias.

O Poder Legislativo exercerá o controle externo das finanças públicas com o auxílio do Tribunal de Contas. O controle se fará quanto à legalidade, legitimidade, economicidade, aplicação das subvenções e renúncia de receitas.

O controle externo compreende, entre outros meios, a apreciação das contas prestadas anualmente pelo Executivo.

O Tribunal de Contas tem atribuições específicas:
a) elaborar parecer prévio a respeito da prestação de contas anual do Poder Executivo;
b) julgar as contas dos administradores e demais responsáveis por dinheiros, bens e valores públicos;
c) apreciar, para fins de registro, a legalidade dos atos de admissão de pessoal, bem como a concessão de aposentadorias, reformas e pensões;
d) realizar inspeções e auditorias de natureza contábil, financeira, orçamentária, operacional e patrimonial em unidades administrativas;
e) fiscalizar a aplicação de recursos repassados mediante convênio, acordo, ajuste ou outros instrumentos;
f) em caso de ilegalidade de despesa ou irregularidade de contas, aplicar as sanções previstas em lei; e
g) sustar a execução de ato impugnado por ilegalidade, após ter dado prazo para que a autoridade adote as providências necessárias ao exato cumprimento da lei.

A Comissão Mista do Poder Legislativo, encarregada de acompanhar a execução orçamentária, poderá propor ao Congresso Nacional, após audiência do Tribunal de Contas, a sustação de despesas não autorizadas pelo orçamento.

As contas estaduais devem ser examinadas com o auxílio de tribunais de contas estaduais, à semelhança do modelo federal. As contas municipais devem ser examinadas por tribunais de contas previstos nas leis estaduais, com exceção de poucos municípios que possuem Tribunal de Contas próprio.

Nova extensão do controle

O controle do gasto público não deve mais restringir-se apenas ao aspecto formal, voltado exclusivamente para a análise da legalidade do gasto, quer no aspecto objetivo, quer no subjetivo.

Quais são, então, os limites do controle? O orçamento representa uma decisão sobre execução de políticas públicas propostas pelo Executivo e aprovadas pelo Legislativo. Em que medida órgãos de controle podem discutir a conveniência e a oportunidade de ações destinadas a implementar essas políticas públicas, previstas no orçamento?

A Lei nº 4.320/1964 estabeleceu três objetivos distintos para o exercício desse controle:

a) controle da legalidade dos atos de que resultem a arrecadação da receita ou a realização da despesa;
b) verificação da fidelidade funcional dos agentes da administração responsáveis por bens ou valores públicos; e
c) verificação do cumprimento do programa de trabalho expresso em termos monetários e em termos de realização de obras e serviços.[67]

A CRFB/1988 definiu, inovando na matéria, que o controle se fará quanto aos aspectos da legalidade, legitimidade, economicidade e aplicação das subvenções e renúncia de receitas. Muito se discutiu, a partir de então, se poderiam os órgãos de controle deixar de examinar apenas a legalidade dos atos praticados, pelo aspecto

---

[67] Art. 75 da Lei nº 4.320/1964.

formal, mas discutir aspectos mais complexos, como a legitimidade e a economicidade das despesas.

O controle da legalidade vai verificar se as despesas:
a) obedeceram à lei orçamentária, sendo utilizadas dotações apropriadas e limites quantitativos de cada dotação; e
b) obedeceram a procedimentos formais estabelecidos pela legislação, como prévio empenho e legalidade dos contratos ou autorizações.

O controle da legitimidade precede o exame da legalidade, pois examina o próprio mérito do ato praticado, para constatar se não houve desvio de finalidade. Há uma apreciação subjetiva. É preciso que o ato esteja em sintonia com os valores da sociedade, com o senso comum, isto é, seja adequado ao momento e à realidade social.

O controle de economicidade vai examinar a despesa:
a) pelo enfoque do "custo/benefício" — vai verificar se foi adotado o caminho menos oneroso ao erário para a obtenção do resultado desejado;
b) pelo aspecto da modicidade — vai verificar se as despesas foram módicas;
c) analisando a eficácia e eficiência do gasto — vai verificar se os resultados foram obtidos (eficácia) e se o foram de forma eficiente.

Devem também ser objeto de exame a renúncia tributária e a concessão de subvenções.

Novas formas de controle

Tema que tem sido investigado com frequência pela literatura é o relativo às formas de controle da ação governamental. Devido ao crescimento do Estado e à diversidade de sua atividade, a sociedade passou a se preocupar com o resultado efetivo da ação dos agentes públicos. O controle mais amplo possível das ações do Estado é uma exigência da democracia. Os agentes do Estado agem em nome do interesse público, que deve sempre sobrepor-se a interesses particulares. Na origem do conceito de democracia, e também no de república — *res publica* — essa exigência é bem clara.

A expressão *accountability* passou a ser utilizada para descrever essa característica do sistema político. O governo tem de procurar *accountabiliy*, isto é, deve proporcionar à sociedade e órgãos formais de controle meios de se informar a respeito das ações do Estado e analisar a correção das ações públicas nos campos da legalidade e da eficácia.

Quanto mais *accountability* tiver a administração pública, mais perto estaremos de um sistema realmente democrático e eficaz.

O termo *account* significa contabilidade e está ligado, no mundo empresarial, a demonstrações financeiras e de resultado. A prática recomendável é a de fornecimento de informações e de previsão de avaliações de performance. Procura-se, atualmente, estender tais práticas para a administração pública, cujas ações devem ser transparentes, de modo que as diversas formas de prestação de contas e avaliações devem ser estimuladas.

Uma das maneiras de se realizar este controle, a mais simples de todas, é o processo eleitoral. Os governantes têm sua atuação julgada periodicamente pela sociedade por meio das eleições. É um julgamento direto, feito por aqueles para quem deve voltar-se a ação do Estado. Há uma constante preocupação com o aperfeiçoamento do sistema político e na determinação de procedimentos que assegurem legitimidade ao processo eleitoral.

Controle por outros órgãos do Estado

Mas novas formas de controle foram sendo estabelecidas. Novo arranjo institucional e novos mecanismos de controle estão sendo estabelecidos.

Interessante discussão sobre o tema é desenvolvida em estudo realizado por pesquisadores da Fundação Getulio Vargas (FGV).[68] Analisam-se inúmeras iniciativas tomadas no âmbito do Poder Judiciário e do Ministério Público para ampliar os mecanismos de controle das ações do Executivo. Demonstra-se que não mais são apenas os controles pelo Parlamento e pelo Tribunal de Contas que buscam a constante verificação dos procedimentos adotados pela administração. O mecanismo de *checks and balances* tem levado a discussão acerca das ações empreendidas pela administração pública a ambientes não mais restritos ao Legislativo e ao Tribunal de Contas.

Os autores destacam a abertura da discussão judicial trazida pelo mecanismo da ação civil pública para a proteção dos interesses da sociedade. Assim comentam as inovações trazidas após a CRFB/1988:

> Em 1988, a nova Constituição confirmou essa tendência de abertura do ordenamento jurídico aos direitos transindividuais, constitucionalizando aqueles mencionados pela lei de 1985 (sobre a ação civil pública) e consolidando o caminho para o surgimento de novos tipos, incluindo nesse rol os "serviços de relevância pública". É por esta via que o MP tem atuado como fiscal de políticas públicas, uma vez que essa nova legislação autoriza a instituição a cobrar e contestar políticas implementadas pelos governos nos três níveis da federação. Essa nova legislação representou uma verdadeira revolução processual de acesso à Justiça no Brasil e conferiu vantagens institucionais importantes ao MP em relação às associações civis, na representação tutelar dos direitos difusos e coletivos.[69]

---

[68] ARANTES, Rogério Bastos et al. Controles democráticos sobre a administração pública no Brasil: Legislativo, tribunais de contas, Judiciário e Ministério Público. In: LOUREIRO, Maria Rita et al. *Burocracia e política no Brasil*. Rio de Janeiro. Editora FGV, 2010.

[69] Ibid., p. 138.

Controle social

Ao mesmo tempo que foram ampliadas, nos últimos anos, as ações de controle externo e interno dos gastos públicos, exercidas por órgãos do Estado, prosperaram as iniciativas de um controle mais efetivo por parte da sociedade a respeito de tais gastos.

A elaboração, aprovação e execução orçamentárias devem ser feitas de maneira visível para a sociedade. Devem ser estimuladas práticas de divulgação dos gastos pelas autoridades públicas. Apesar da tecnicidade das informações e demonstrações contábeis, essas devem ser apresentadas de maneira transparente para a sociedade. Devem ser preparados e amplamente divulgados quadros, informativos e relatórios objetivos sobre o gasto público. Deve ser buscada a transparência fiscal.

Para dar transparência à execução orçamentária, a Lei de Responsabilidade Fiscal (LRF) previu a elaboração de relatório resumido da execução orçamentária a cada bimestre, e um relatório de gestão fiscal a cada quadrimestre.[70]

Resta mencionar que o controle social passou, nas últimas décadas, a representar instrumento de enorme importância no controle das atividades do setor público. Tem sido objeto de estudos interessantes pela literatura. Essa seria a forma mais eficiente de atingirmos a democracia participativa.

O controle social representa a avaliação feita pela sociedade, pelos usuários dos serviços públicos, a respeito das atividades exercidas pelo Estado. Modernamente, estão sendo criados diversos mecanismos pelos quais a sociedade pode, primeiramente, informar-se adequadamente a respeito das ações do poder público e de seus atos, e, posteriormente, avaliar a qualidade da ação estatal. Daí a fixação de metas e objetivos que possam ser de conhecimento de todo cidadão e objeto de análise e crítica.

A divulgação mais ampla possível de relatórios, de informações, deve ser estimulada. O acesso a dados financeiros deve estar

---

[70] Conforme determinam os arts. 52, 54 e 55 da LRF.

acessível ao maior número possível de cidadãos. Iniciativas como o Portal da Transparência (da Controladoria Geral da União — CGU); o portal Contas Abertas (divulgado pela ONG Associação de Contas Abertas); a elaboração da cartilha "Olho vivo" (pela CGU) e outras devem ser multiplicadas.

Essa parece ser, no momento, a via adotada pela sociedade e pela legislação para tornar efetivo o controle da execução das políticas públicas.

Capítulo 7

Conclusões

Fica muito clara, após as análises feitas nas diversas partes deste trabalho, a relevância que o direito financeiro apresenta no atual momento da evolução política do Brasil.

Após a Constituição de 1988, que trouxe inúmeras inovações na "arquitetura" de nossas instituições políticas e jurídicas, como as novas atribuições conferidas ao Ministério Público e aos tribunais de contas, e com as normas bastante detalhadas a respeito das finanças públicas, era previsível o surgimento de discussões inovadoras a respeito do direito financeiro.

Este trabalho tratou de algumas delas, procurando mostrar, em diversos momentos, a existência de pontos ainda nebulosos e controvertidos.

Parece estar consolidada, a respeito dos aspectos jurídicos das receitas públicas, a exata compreensão dos conceitos de tributos e de outras formas de receita, especialmente os preços públicos. A doutrina e a jurisprudência consagram, atualmente, a distinção bastante clara entre as tarifas (preços públicos) e os tributos, especialmente as taxas pela prestação de serviços públicos. Mas ainda existem pontos não muito claros a respeito de certas modalidades de receitas públicas, como é o caso da compensação financeira pela exploração do petróleo, os chamados *royalties*. Discute-se, no Supremo Tribunal Federal (STF), sua correta natureza, em virtude da polêmica a respeito da distribuição do produto da arrecadação dessa receita.

Bastante discutida é a conceituação e os efeitos do orçamento público, especialmente após a adoção da prática da previsão de etapas prévias para sua aprovação, como a discussão e aprovação da Lei de Diretrizes Orçamentárias (LDO), que, ao fixar metas fiscais a serem cumpridas na execução orçamentária, procura limitar a ação do Poder Executivo. Não temos ainda uma discussão consistente a respeito dos efeitos e das consequências do descumprimento, no processo de execução orçamentária, desses critérios e metas estabelecidos pela LDO. E são sempre muito polêmicas as discussões a respeito de temas como o orçamento participativo, com a incorporação de outros "atores" na discussão do orçamento, e do orçamento impositivo, limitador das ações do Executivo.

São muito numerosas e sempre apaixonadas as discussões a respeito da "responsabilidade fiscal", erigida em mandamento obrigatório para a administração pública. A adoção dos princípios da Lei da Responsabilidade Fiscal (LRF), aprovada no início deste novo século, tem sido imposta aos administradores públicos como exigência fundamental. O administrador público deve seguir todos os seus princípios, sob pena de ter sua atuação impugnada pelos órgãos de controle.

Muito esforço tem sido feito para a manutenção de critérios limitativos na celebração de empréstimos por parte da administração pública. Busca-se evitar o excessivo endividamento do poder público. Entretanto, as regras estabelecidas fixam critérios uniformes para estados e municípios de características diversas, tanto em termos de necessidades financeiras quanto em termos de capacidade de arrecadação. Será que o sistema adotado pela legislação deve manter tal critério uniforme? Há muitas pressões para a alteração dessa legislação.

Ainda não está uniformemente aceito, pela doutrina e pela jurisprudência, o papel dos órgãos controladores de contas, especialmente os tribunais de contas. Desde a Constituição de 1988, tais órgãos de controle tiveram ampliada sua área de atuação. É notório o esforço exercido pelos tribunais de contas para adotar instrumentos mais efetivos de controle a respeito das aplicações de recursos públicos. É também necessário observar que os tribunais têm se aparelhado para essas novas funções, especialmente com a formação de pessoal especializado. Permanece, todavia, o questionamento a respeito dos critérios para preenchimento das funções de ministros e conselheiros.

Cabe ainda uma menção, nestas considerações conclusivas, a respeito do crescimento das atribuições assumidas pelo Ministério Público. Este tem se posicionado consistentemente no sentido de buscar atuar no controle da correta aplicação dos recursos públicos. Algumas vezes, inovando em métodos e procedimentos, o que tem provocado críticas e discussões apaixonadas.

Tais discussões são, muitas vezes, objeto de trabalhos bastante interessantes apresentados em congressos, seminários e revistas especializadas. Na elaboração deste livro, vários desses trabalhos foram consultados e são indicados na bibliografia e nas notas de rodapé.

Este livro é um trabalho modesto, que procura contribuir para o aprofundamento a respeito da compreensão do direito financeiro. Ao abordar pontos importantes, procura estimular a reflexão e a crítica. Não tem a pretensão de apresentar uma fórmula definida para o tratamento dos diversos temas nele abordados, mas procura identificar os pontos mais controvertidos a respeito e contribuir para o estudo da matéria.

Bibliografia

ARANTES, Rogério Bastos et al. Controles democráticos sobre a administração pública no Brasil: Legislativo, tribunais de contas, Judiciário e Ministério Público. In: LOUREIRO, Maria Rita et al. *Burocracia e política no Brasil*. Rio de Janeiro: Editora FGV, 2010.

BALEEIRO, Aliomar. *Uma introdução à ciência das finanças*. Rio de Janeiro: Forense, 2004.

BASTOS, Celso Ribeiro. *Curso de direito financeiro e tributário*. São Paulo: Saraiva, 1994.

CAMPOS, Dejalma de. *Direito financeiro e orçamentário*. São Paulo: Atlas, 2006.

DINIZ, Érica; AFONSO, José Roberto. *Benefícios fiscais concedidos (e mensurados) pelo governo federal*. Rio de janeiro: FGV, 2014. Texto para discussão (Ibre).

HARADA, Kiyoshi. *Direito financeiro e tributário*. São Paulo: Atlas, 2004.

INSTITUTO DE PESQUISA ECONÔMICA APLICADA (IPEA). *Sobre maldições e bênçãos*: é possível gerir recursos naturais de forma sustentável? Uma análise sobre os *royalties* e as compensações financeiras no Brasil. Rio de Janeiro: Ipea, 2009. Comunicado da presidência nº 1.412.

JARDIM, Eduardo Marçal Ferreira. *Manual de direito financeiro e tributário*. São Paulo: Saraiva, 2003.

JUND, Sérgio. *Direito financeiro e orçamento público*. Rio de Janeiro: Elsevier, 2007.

LIMA, Eduardo Carlos Pontes. Algumas observações sobre orçamento impositivo no Brasil. In: IPEA. *Planejamento e políticas públicas*. Brasília, DF: Ipea, jan./dez. 2003.

MEIRELLES, Hely Lopes. *Direito municipal brasileiro*. São Paulo: Revista dos Tribunais, 1977.

MACIEL, Marcelo Sobreiro. *Política de incentivos fiscais*: quem recebe isenção por setores e regiões do país. Brasília, DF: Consultoria Legislativa da Câmara dos Deputados, 2010.

MINISTÉRIO DA FAZENDA. Receita Federal. *Demonstrativo de gastos tributários — 2013*. Brasília, DF: MF, 2012a.

_____. Secretaria do Tesouro Nacional. *Manual de demonstrativos fiscais*. 5. ed. Brasília, DF; MF, 2012b.

_____. Receita Federal. *Carga tributária no Brasil — 2012*. Brasília, DF: MF, 2013.

MINISTÉRIO DO PLANEJAMENTO, ORÇAMENTO E GESTÃO (MPOG). *Vinculações de receitas dos orçamentos fiscal e da seguridade social e o poder discricionário de alocação dos recursos do governo federal*. Brasília, DF: MPOG, 2003.

OLIVEIRA, Regis Fernandes. *Curso de direito financeiro*. São Paulo: Revista dos Tribunais, 2007.

PINHEIRO, Luís Felipe Valerim. *Orçamento impositivo*: fundamentos e limites jurídicos. Dissertação (mestrado) — Faculdade de Direito, Universidade de São Paulo, São Paulo, 2007.

REZENDE, Fernando; CUNHA, Armando. *O orçamento público e a transição do poder*. Rio de Janeiro: Editora FGV, 2003.

_____; _____. *A reforma esquecida*: orçamento, gestão pública e desenvolvimento. Rio de Janeiro: Editora FGV, 2013.

ROSA JÚNIOR, Luiz Emygdio F. da. *Manual de direito financeiro e direito tributário*. Rio de Janeiro: Renovar, 2006.

SILVA, José Afonso da. *Orçamento-programa no Brasil*. São Paulo: Revista dos Tribunais, 1973.

SQUIZZATO, Ana Carolina. *Direito financeiro e econômico*. São Paulo: Método, 2013.

TORRES, Ricardo Lobo. *O orçamento na Constituição*. Rio de Janeiro: Renovar, 1995.

_____. *Curso de direito financeiro e tributário*. Rio de Janeiro: Renovar, 2001.

Anexo

Dispositivos constitucionais que tratam de matéria relativa ao direito financeiro

Este levantamento indica dispositivos constitucionais, em vigor no mês de janeiro de 2014, que têm relação direta com matérias de direito financeiro.

Pode ser observado o cuidado do constituinte em regulamentar tais matérias. São tão numerosos esses dispositivos que poderíamos falar da existência de um "direito constitucional financeiro". Em 18 deles há menção expressa à necessidade de existência de lei complementar para regular a matéria. A redação desses dispositivos no texto inicial da Constituição, aprovada em 1988, já foi alterada 40 vezes por diversas emendas.

O número de dispositivos é bastante grande, mostrando a preocupação do legislador constituinte com a regulação das finanças públicas. As sucessivas alterações dos textos mostram igualmente uma procura por aperfeiçoamento do marco regulatório a respeito das receitas e despesas públicas.

O agrupamento dos dispositivos constitucionais é apresentado por assunto. Foram selecionados 15 assuntos que são objeto de regulamentação pelo direito financeiro:

1. competência para legislar sobre direito financeiro e dispor sobre normas acerca de matéria financeira;
2. despesas com saúde;
3. despesas com educação;

4. despesas com precatórios;
5. despesas com pessoal na administração pública;
6. despesas do legislativo municipal;
7. despesas com previdência e assistência social;
8. despesas com a criação de novo estado;
9. despesas com fundos especiais;
10. receita tributária;
11. receita não tributária;
12. empréstimos públicos;
13. orçamento público;
14. fiscalização e controle de gastos; e
15. tratamento fiscal e financeiro privilegiado.

Competência para legislar sobre direito financeiro e dispor sobre normas acerca de matéria financeira

Art. 21. Compete à União:
[...]
VII — emitir moeda;
VIII — administrar as reservas cambiais do País e fiscalizar as operações de natureza financeira, especialmente as de crédito, câmbio e capitalização, bem como as de seguros e de previdência privada;
[...]
XIX — instituir sistema nacional de gerenciamento de recursos hídricos e definir critérios de outorga de direitos de seu uso; (Regulamento)

Art. 22. Compete privativamente à União legislar sobre:
[...]
VII — política de crédito, câmbio, seguros e transferência de valores;
[...]
XXVII — normas gerais de licitação e contratação, em todas as modalidades, para as administrações públicas diretas, autárquicas

e fundacionais da União, Estados, Distrito Federal e Municípios, obedecido o disposto no art. 37, XXI, e para as empresas públicas e sociedades de economia mista, nos termos do art. 173, § 1º, III; (Redação dada pela Emenda Constitucional nº 19, de 1998)

Art. 24. Compete à União, aos Estados e ao Distrito Federal legislar concorrentemente sobre:
I — direito tributário, financeiro [...];
II — orçamento;
[...]
IV — custas dos serviços forenses;
[...].
§ 1º. No âmbito da legislação concorrente, a competência da União limitar-se-á a estabelecer normas gerais.
§ 2º. A competência da União para legislar sobre normas gerais não exclui a competência suplementar dos Estados.
§ 3º. Inexistindo lei federal sobre normas gerais, os Estados exercerão a competência legislativa plena, para atender a suas peculiaridades.
§ 4º. A superveniência de lei federal sobre normas gerais suspende a eficácia da lei estadual, no que lhe for contrário.

Art. 30. Compete aos Municípios:
[...]
II — suplementar a legislação federal e a estadual no que couber;

Art. 32. O Distrito Federal, vedada sua divisão em Municípios, reger-se-á por lei orgânica [...] atendidos os princípios estabelecidos nesta Constituição.
§ 1º. Ao Distrito Federal são atribuídas as competências legislativas reservadas aos Estados e Municípios.

Art. 33. A lei disporá sobre a organização administrativa e judiciária dos Territórios.
§ 1º. Os Territórios poderão ser divididos em Municípios, aos quais se aplicará, no que couber, o disposto no Capítulo IV deste Título.

Art. 48. Cabe ao Congresso Nacional, com a sanção do Presidente da República, não exigida esta para o especificado nos arts. 49, 51 e 52, dispor sobre todas as matérias de competência da União, especialmente sobre:

I — sistema tributário, arrecadação e distribuição de rendas;

II — plano plurianual, diretrizes orçamentárias, orçamento anual, operações de crédito, dívida pública e emissões de curso forçado;

[...]

IV — planos e programas nacionais, regionais e setoriais de desenvolvimento;

[...]

XIII — matéria financeira, cambial e monetária, instituições financeiras e suas operações;

XIV — moeda, seus limites de emissão, e montante da dívida mobiliária federal.

Art. 61. A iniciativa das leis complementares e ordinárias [...]

§ 1º. São de iniciativa privativa do Presidente da República as leis que:

[...]

II — disponham sobre:

a) criação de cargos, funções ou empregos públicos na administração direta e autárquica ou aumento de sua remuneração;

b) organização administrativa e judiciária, matéria tributária e orçamentária, serviços públicos e pessoal da administração dos Territórios;

c) servidores públicos da União e Territórios, seu regime jurídico, provimento de cargos, estabilidade e aposentadoria; (Redação dada pela Emenda Constitucional nº 18, de 1998)

[...]

f) militares das Forças Armadas, seu regime jurídico, provimento de cargos, promoções, estabilidade, remuneração, reforma e transferência para a reserva. (Incluída pela Emenda Constitucional nº 18, de 1998)

Art. 62. Em caso de relevância e urgência, o Presidente da República poderá adotar medidas provisórias, com força de lei, devendo submetê-las de imediato ao Congresso Nacional. (Redação dada pela Emenda Constitucional nº 32, de 2001)

§ 1º. É vedada a edição de medidas provisórias sobre matéria: (Incluído pela Emenda Constitucional nº 32, de 2001)

I — relativa a: (Incluído pela Emenda Constitucional nº 32, de 2001)

[...]

d) planos plurianuais, diretrizes orçamentárias, orçamento e créditos adicionais e suplementares, ressalvado o previsto no art. 167, § 3º; (Incluído pela Emenda Constitucional nº 32, de 2001)

II — que vise a detenção ou sequestro de bens, de poupança popular ou qualquer outro ativo financeiro; (Incluído pela Emenda Constitucional nº 32, de 2001)

III — reservada a lei complementar; (Incluído pela Emenda Constitucional nº 32, de 2001)

[...]

§ 2º. Medida provisória que implique instituição ou majoração de impostos, exceto os previstos nos arts. 153, I, II, IV, V, e 154, II, só produzirá efeitos no exercício financeiro seguinte se houver sido convertida em lei até o último dia daquele em que foi editada. (Incluído pela Emenda Constitucional nº 32, de 2001)

§ 3º. As medidas provisórias, ressalvado o disposto nos §§ 11 e 12 perderão eficácia, desde a edição, se não forem convertidas em lei no prazo de sessenta dias, prorrogável, nos termos do § 7º, uma vez por igual período, devendo o Congresso Nacional disciplinar, por decreto legislativo, as relações jurídicas delas decorrentes. (Incluído pela Emenda Constitucional nº 32, de 2001)

[...]

§ 7º Prorrogar-se-á uma única vez por igual período a vigência de medida provisória que, no prazo de sessenta dias, contado de sua publicação, não tiver a sua votação encerrada nas duas Casas do Congresso Nacional. (Incluído pela Emenda Constitucional nº 32, de 2001)

[...]
§ 11. Não editado o decreto legislativo a que se refere o § 3º até sessenta dias após a rejeição ou perda de eficácia de medida provisória, as relações jurídicas constituídas e decorrentes de atos praticados durante sua vigência conservar-se-ão por ela regidas. (Incluído pela Emenda Constitucional nº 32, de 2001)
§ 12. Aprovado projeto de lei de conversão alterando o texto original da medida provisória, esta manter-se-á integralmente em vigor até que seja sancionado ou vetado o projeto. (Incluído pela Emenda Constitucional nº 32, de 2001)

Art. 63. Não será admitido aumento da despesa prevista:
I — nos projetos de iniciativa exclusiva do Presidente da República, ressalvado o disposto no art. 166, § 3º e § 4º;
II — nos projetos sobre organização dos serviços administrativos da Câmara dos Deputados, do Senado Federal, dos Tribunais Federais e do Ministério Público.

Art. 68. As leis delegadas serão elaboradas pelo Presidente da República, que deverá solicitar a delegação ao Congresso Nacional.
§ 1º. Não serão objeto de delegação os atos de competência exclusiva do Congresso Nacional, os de competência privativa da Câmara dos Deputados ou do Senado Federal, a matéria reservada à lei complementar, nem a legislação sobre:
[...]
III — planos plurianuais, diretrizes orçamentárias e orçamentos.

Art. 84. Compete privativamente ao Presidente da República:
[...]
XXIII — enviar ao Congresso Nacional o plano plurianual, o projeto de lei de diretrizes orçamentárias e as propostas de orçamento previstos nesta Constituição;
XXIV — prestar, anualmente, ao Congresso Nacional, dentro de sessenta dias após a abertura da sessão legislativa, as contas referentes ao exercício anterior;

Art. 163. Lei complementar disporá sobre:
I — finanças públicas;
II — dívida pública externa e interna, incluída a das autarquias, fundações e demais entidades controladas pelo Poder Público;
III — concessão de garantias pelas entidades públicas;
IV — emissão e resgate de títulos da dívida pública;
V — fiscalização financeira da administração pública direta e indireta; (Redação dada pela Emenda Constitucional nº 40, de 2003)
VI — operações de câmbio realizadas por órgãos e entidades da União, dos Estados, do Distrito Federal e dos Municípios;
VII — compatibilização das funções das instituições oficiais de crédito da União, resguardadas as características e condições operacionais plenas das voltadas ao desenvolvimento regional.

Art. 164. A competência da União para emitir moeda será exercida exclusivamente pelo banco central.
§ 1º. É vedado ao banco central conceder, direta ou indiretamente, empréstimos ao Tesouro Nacional e a qualquer órgão ou entidade que não seja instituição financeira.
§ 2º. O banco central poderá comprar e vender títulos de emissão do Tesouro Nacional, com o objetivo de regular a oferta de moeda ou a taxa de juros.
§ 3º. As disponibilidades de caixa da União serão depositadas no banco central; as dos Estados, do Distrito Federal, dos Municípios e dos órgãos ou entidades do Poder Público e das empresas por ele controladas, em instituições financeiras oficiais, ressalvados os casos previstos em lei.

Art. 165. Leis de iniciativa do Poder Executivo estabelecerão:
I — o plano plurianual;
[...]
§ 9º. Cabe à lei complementar:
I — dispor sobre o exercício financeiro, a vigência, os prazos, a elaboração e a organização do plano plurianual, da lei de diretrizes orçamentárias e da lei orçamentária anual;

II — estabelecer normas de gestão financeira e patrimonial da administração direta e indireta bem como condições para a instituição e funcionamento de fundos.[71]

Despesas com saúde

Art. 30. Compete aos Municípios:
[...]
VII — prestar, com a cooperação técnica e financeira da União e do Estado, serviços de atendimento à saúde da população;

Art. 198. As ações e serviços públicos de saúde integram uma rede regionalizada e hierarquizada e constituem um sistema único, organizado de acordo com as seguintes diretrizes.
[...]
§ 1º. O sistema único de saúde será financiado, nos termos do art. 195, com recursos do orçamento da seguridade social, da União, dos Estados, do Distrito Federal e dos Municípios, além de outras fontes. (Parágrafo único renumerado para § 1º pela Emenda Constitucional nº 29, de 2000)
§ 2º. A União, os Estados, o Distrito Federal e os Municípios *aplicarão, anualmente, em ações e serviços públicos de saúde* recursos mínimos derivados da aplicação de percentuais calculados sobre: (Incluído pela Emenda Constitucional nº 29, de 2000) [grifo nosso]
I — no caso da União, na forma definida nos termos da lei complementar prevista no § 3º; (Incluído pela Emenda Constitucional nº 29, de 2000)[72]
II — no caso dos Estados e do Distrito Federal, o produto da arrecadação dos impostos a que se refere o art. 155 e dos recursos de que tratam os arts. 157 e 159, inciso I, alínea a, e inciso II, deduzi-

---

[71] O art. 35, § 2º, do ADCT estabeleceu prazos para elaboração das propostas orçamentárias até a aprovação de lei complementar, no caso, a LC nº 101/2000 (LRF).
[72] Ver LC nº 141/2012.

das as parcelas que forem transferidas aos respectivos Municípios; (Incluído pela Emenda Constitucional nº 29, de 2000)

III — no caso dos Municípios e do Distrito Federal, o produto da arrecadação dos impostos a que se refere o art. 156 e dos recursos de que tratam os arts. 158 e 159, inciso I, alínea b e § 3º. (Incluído pela Emenda Constitucional nº 29, de 2000)[73]

§ 3º Lei complementar, que será reavaliada pelo menos a cada cinco anos, estabelecerá: (Incluído pela Emenda Constitucional nº 29, de 2000)

I — os percentuais de que trata o § 2º; (Incluído pela Emenda Constitucional nº 29, de 2000)

II — os critérios de rateio dos recursos da União vinculados à saúde destinados aos Estados, ao Distrito Federal e aos Municípios, e dos Estados destinados a seus respectivos Municípios, objetivando a progressiva redução das disparidades regionais; (Incluído pela Emenda Constitucional nº 29, de 2000)

III — as normas de fiscalização, avaliação e controle das despesas com saúde nas esferas federal, estadual, distrital e municipal; (Incluído pela Emenda Constitucional nº 29, de 2000)

IV — as normas de cálculo do montante a ser aplicado pela União. (Incluído pela Emenda Constitucional nº 29, de 2000)

Art. 199. A assistência à saúde é livre à iniciativa privada.
[...]
§ 2º. É vedada a destinação de recursos públicos para auxílios ou subvenções às instituições privadas com fins lucrativos.

Art. 227. É dever da família, da sociedade e do Estado assegurar à criança, ao adolescente e ao jovem [...]
§ 1º. O Estado promoverá programas de assistência integral à saúde da criança [...] e obedecendo aos seguintes preceitos: (Redação dada pela Emenda Constitucional nº 65, de 2010)

---

[73] O art. 77 do ADCT estabeleceu critério para destinação de recursos para a saúde a serem obedecidos até o ano de 2004.

I — aplicação de percentual dos recursos públicos destinados à saúde na assistência materno-infantil;
[...]
§ 3º. O direito a proteção especial abrangerá os seguintes aspectos:
[...]
VI — estímulo do Poder Público, através de assistência jurídica, incentivos fiscais e subsídios, nos termos da lei, ao acolhimento, sob a forma de guarda, de criança ou adolescente órfão ou abandonado;
[...]

Despesas com educação

Art. 30. Compete aos Municípios:
[...]
VI — manter, com a cooperação técnica e financeira da União e do Estado, programas de educação infantil e de ensino fundamental; (Redação dada pela Emenda Constitucional nº 53, de 2006)

Art. 212. A União aplicará, anualmente, *nunca menos de dezoito*, e os Estados, o Distrito Federal e os Municípios *vinte e cinco por cento*, no mínimo, da receita resultante de impostos, compreendida a proveniente de transferências, na manutenção e desenvolvimento do ensino [grifos nossos].

§ 1º. A parcela da arrecadação de impostos transferida pela União aos Estados, ao Distrito Federal e aos Municípios, ou pelos Estados aos respectivos Municípios, não é considerada, para efeito do cálculo previsto neste artigo, receita do governo que a transferir.

§ 2º. Para efeito do cumprimento do disposto no "caput" deste artigo, serão considerados os sistemas de ensino federal, estadual e municipal e os recursos aplicados na forma do art. 213.

§ 3º. A distribuição dos recursos públicos assegurará prioridade ao atendimento das necessidades do ensino obrigatório, no que se refere a [sic] universalização, garantia de padrão de qualidade e equidade, nos termos do plano nacional de educação. (Redação dada pela Emenda Constitucional nº 59, de 2009)

§ 4º. Os programas suplementares de alimentação e assistência à saúde previstos no art. 208, VII, serão financiados com recursos provenientes de contribuições sociais e outros recursos orçamentários.

§ 5º. A educação básica pública terá como fonte adicional de financiamento a contribuição social do *salário-educação*, recolhida pelas empresas na forma da lei. (Redação dada pela Emenda Constitucional nº 53, de 2006) [grifo nosso]

§ 6º. As cotas estaduais e municipais da arrecadação da contribuição social do *salário-educação* serão distribuídas proporcionalmente ao número de alunos matriculados na educação básica nas respectivas redes públicas de ensino. (Incluído pela Emenda Constitucional nº 53, de 2006) [grifo nosso][74]

Art. 213. Os recursos públicos serão destinados às escolas públicas, podendo ser dirigidos a escolas comunitárias, confessionais ou filantrópicas, definidas em lei, que:

I — comprovem finalidade não lucrativa e apliquem seus excedentes financeiros em educação;

II — assegurem a destinação de seu patrimônio a outra escola comunitária, filantrópica ou confessional, ou ao Poder Público, no caso de encerramento de suas atividades.

§ 1º. Os recursos de que trata este artigo poderão ser destinados a bolsas de estudo para o ensino fundamental e médio, na forma da lei, para os que demonstrarem insuficiência de recursos, quando houver falta de vagas e cursos regulares da rede pública na localidade da residência do educando, ficando o Poder Público obrigado a investir prioritariamente na expansão de sua rede na localidade.

Art. 214. A lei estabelecerá o plano nacional de educação, de duração decenal, com o objetivo de articular o sistema nacional de

---

[74] O art. 60 do ADCT, aprovado pela EC nº 53/2006 (adiante transcrito), estabeleceu critérios para vigorar até 2020.

educação [...] que conduzam a: (Redação dada pela Emenda Constitucional nº 59, de 2009)

[...]

VI — estabelecimento de meta de aplicação de recursos públicos em educação como proporção do produto interno bruto. (Incluído pela Emenda Constitucional nº 59, de 2009)

Art. 60 do ADCT. Até o 14º (décimo quarto) ano a partir da promulgação desta Emenda Constitucional, os Estados, o Distrito Federal e os Municípios destinarão parte dos recursos a que se refere o caput do art. 212 da Constituição Federal à manutenção e desenvolvimento da educação básica e à remuneração condigna dos trabalhadores da educação, respeitadas as seguintes disposições: (Redação dada pela Emenda Constitucional nº 53, de 2006). (Vide Emenda Constitucional nº 53, de 2006)

I — a distribuição dos recursos e de responsabilidades entre o Distrito Federal, os Estados e seus Municípios é assegurada mediante a criação, no âmbito de cada Estado e do Distrito Federal, de um Fundo de Manutenção e Desenvolvimento da Educação Básica e de Valorização dos Profissionais da Educação — FUNDEB, de natureza contábil; (Incluído pela Emenda Constitucional nº 53, de 2006)

II — os Fundos referidos no inciso I do caput deste artigo serão constituídos por 20% (vinte por cento) dos recursos a que se referem os incisos I, II e III do art. 155; o inciso II do caput do art. 157; os incisos II, III e IV do caput do art. 158; e as alíneas a e b do inciso I e o inciso II do caput do art. 159, todos da Constituição Federal, e distribuídos entre cada Estado e seus Municípios, proporcionalmente ao número de alunos das diversas etapas e modalidades da educação básica presencial, matriculados nas respectivas redes, nos respectivos âmbitos de atuação prioritária estabelecidos nos §§ 2º e 3º do art. 211 da Constituição Federal; (Incluído pela Emenda Constitucional nº 53, de 2006)

III — observadas as garantias estabelecidas nos incisos I, II, III e IV do caput do art. 208 da Constituição Federal e as metas de universalização da educação básica estabelecidas no Plano Nacional de Educação, a lei disporá sobre: (Incluído pela Emenda Constitucional nº 53, de 2006)

a) a organização dos Fundos, a distribuição proporcional de seus recursos, as diferenças e as ponderações quanto ao valor anual por aluno entre etapas e modalidades da educação básica e tipos de estabelecimento de ensino; (Incluído pela Emenda Constitucional nº 53, de 2006)

b) a forma de cálculo do valor anual mínimo por aluno; (Incluído pela Emenda Constitucional nº 53, de 2006)

c) os percentuais máximos de apropriação dos recursos dos Fundos pelas diversas etapas e modalidades da educação básica, observados os arts. 208 e 214 da Constituição Federal, bem como as metas do Plano Nacional de Educação; (Incluído pela Emenda Constitucional nº 53, de 2006)

d) a fiscalização e o controle dos Fundos; (Incluído pela Emenda Constitucional nº 53, de 2006)

e) prazo para fixar, em lei específica, piso salarial profissional nacional para os profissionais do magistério público da educação básica; (Incluído pela Emenda Constitucional nº 53, de 2006)

IV — os recursos recebidos à conta dos Fundos instituídos nos termos do inciso I do caput deste artigo serão aplicados pelos Estados e Municípios exclusivamente nos respectivos âmbitos de atuação prioritária, conforme estabelecido nos §§ 2º e 3º do art. 211 da Constituição Federal; (Incluído pela Emenda Constitucional nº 53, de 2006)

V — a União complementará os recursos dos Fundos a que se refere o inciso II do caput deste artigo sempre que, no Distrito Federal e em cada Estado, o valor por aluno não alcançar o mínimo definido nacionalmente, fixado em observância ao disposto no inciso VII do caput deste artigo, vedada a utilização dos recursos a que se refere o § 5º do art. 212 da Constituição Federal; (Incluído pela Emenda Constitucional nº 53, de 2006)

VI — até 10% (dez por cento) da complementação da União prevista no inciso V do caput deste artigo poderá ser distribuída [*sic*] para os Fundos por meio de programas direcionados para a melhoria da qualidade da educação, na forma da lei a que se refere o inciso III do caput deste artigo; (Incluído pela Emenda Constitucional nº 53, de 2006)

VII — a complementação da União de que trata o inciso V do caput deste artigo será de, no mínimo: (Incluído pela Emenda Constitucional nº 53, de 2006)

a) R$ 2.000.000.000,00 (dois bilhões de reais), no primeiro ano de vigência dos Fundos; (Incluído pela Emenda Constitucional nº 53, de 2006)

b) R$ 3.000.000.000,00 (três bilhões de reais), no segundo ano de vigência dos Fundos; (Incluído pela Emenda Constitucional nº 53, de 2006)

c) R$ 4.500.000.000,00 (quatro bilhões e quinhentos milhões de reais), no terceiro ano de vigência dos Fundos; (Incluído pela Emenda Constitucional nº 53, de 2006)

d) 10% (dez por cento) do total dos recursos a que se refere o inciso II do caput deste artigo, a partir do quarto ano de vigência dos Fundos; (Incluído pela Emenda Constitucional nº 53, de 2006)

VIII — a vinculação de recursos à manutenção e desenvolvimento do ensino estabelecida no art. 212 da Constituição Federal suportará, no máximo, 30% (trinta por cento) da complementação da União, considerando-se para os fins deste inciso os valores previstos no inciso VII do caput deste artigo; (Incluído pela Emenda Constitucional nº 53, de 2006)

IX — os valores a que se referem as alíneas a, b, e c do inciso VII do caput deste artigo serão atualizados, anualmente, a partir da promulgação desta Emenda Constitucional, de forma a preservar, em caráter permanente, o valor real da complementação da União; (Incluído pela Emenda Constitucional nº 53, de 2006)

X — aplica-se à complementação da União o disposto no art. 160 da Constituição Federal; (Incluído pela Emenda Constitucional nº 53, de 2006)

XI — o não cumprimento do disposto nos incisos V e VII do caput deste artigo importará crime de responsabilidade da autoridade competente; (Incluído pela Emenda Constitucional nº 53, de 2006)

XII — proporção não inferior a 60% (sessenta por cento) de cada Fundo referido no inciso I do caput deste artigo será destinada ao pagamento dos profissionais do magistério da educação básica em efetivo exercício. (Incluído pela Emenda Constitucional nº 53, de 2006)

§ 1º. A União, os Estados, o Distrito Federal e os Municípios deverão assegurar, no financiamento da educação básica, a melhoria da qualidade de ensino, de forma a garantir padrão mínimo definido nacionalmente. (Redação dada pela Emenda Constitucional nº 53, de 2006)

§ 2º. O valor por aluno do ensino fundamental, no Fundo de cada Estado e do Distrito Federal, não poderá ser inferior ao praticado no âmbito do Fundo de Manutenção e Desenvolvimento do Ensino Fundamental e de Valorização do Magistério — FUNDEF, no ano anterior à vigência desta Emenda Constitucional. (Redação dada pela Emenda Constitucional nº 53, de 2006)

§ 3º. O valor anual mínimo por aluno do ensino fundamental, no âmbito do Fundo de Manutenção e Desenvolvimento da Educação Básica e de Valorização dos Profissionais da Educação — FUNDEB, não poderá ser inferior ao valor mínimo fixado nacionalmente no ano anterior ao da vigência desta Emenda Constitucional. (Redação dada pela Emenda Constitucional nº 53, de 2006)

§ 4º. Para efeito de distribuição de recursos dos Fundos a que se refere o inciso I do caput deste artigo, levar-se-á em conta a totalidade das matrículas no ensino fundamental e considerar-se-á para a educação infantil, para o ensino médio e para a educação de jovens e adultos 1/3 (um terço) das matrículas no primeiro ano, 2/3 (dois terços) no segundo ano e sua totalidade a partir do terceiro ano. (Redação dada pela Emenda Constitucional nº 53, de 2006)

§ 5º. A porcentagem dos recursos de constituição dos Fundos, conforme o inciso II do caput deste artigo, será alcançada gradativamente nos primeiros 3 (três) anos de vigência dos Fundos, da seguinte forma: (Redação dada pela Emenda Constitucional nº 53, de 2006)

I — no caso dos impostos e transferências constantes do inciso II do caput do art. 155; do inciso IV do caput do art. 158; e das alíneas a e b do inciso I e do inciso II do caput do art. 159 da Constituição Federal: (Incluído pela Emenda Constitucional nº 53, de 2006)

a) 16,66% (dezesseis inteiros e sessenta e seis centésimos por cento), no primeiro ano; (Incluído pela Emenda Constitucional nº 53, de 2006)

b) 18,33% (dezoito inteiros e trinta e três centésimos por cento), no segundo ano; (Incluído pela Emenda Constitucional nº 53, de 2006)

c) 20% (vinte por cento), a partir do terceiro ano; (Incluído pela Emenda Constitucional nº 53, de 2006)

II — no caso dos impostos e transferências constantes dos incisos I e III do caput do art. 155; do inciso II do caput do art. 157; e dos incisos II e III do caput do art. 158 da Constituição Federal: (Incluído pela Emenda Constitucional nº 53, de 2006)

a) 6,66% (seis inteiros e sessenta e seis centésimos por cento), no primeiro ano; (Incluído pela Emenda Constitucional nº 53, de 2006)

b) 13,33% (treze inteiros e trinta e três centésimos por cento), no segundo ano; (Incluído pela Emenda Constitucional nº 53, de 2006)

c) 20% (vinte por cento), a partir do terceiro ano. (Incluído pela Emenda Constitucional nº 53, de 2006)

§ 6º. (Revogado). (Redação dada pela Emenda Constitucional nº 53, de 2006)

§ 7º. (Revogado). Redação dada pela Emenda Constitucional nº 53, de 2006)

Despesas com precatórios

Art. 100. Os pagamentos devidos pelas Fazendas Públicas Federal, Estaduais, Distrital e Municipais, em virtude de sentença judiciária, far-se-ão exclusivamente na ordem cronológica de apresentação dos precatórios e à conta dos créditos respectivos, proibida a designação de casos ou de pessoas nas dotações orçamentárias e nos créditos adicionais abertos para este fim. (Redação dada pela Emenda Constitucional nº 62, de 2009). (Vide Emenda Constitucional nº 62, de 2009)

§ 1º. Os débitos de natureza alimentícia compreendem aqueles decorrentes de salários, vencimentos, proventos, pensões e suas complementações, benefícios previdenciários e indenizações por morte ou por invalidez, fundadas em responsabilidade civil, em virtude de sentença judicial transitada em julgado, e serão pagos com preferência sobre todos os demais débitos, exceto sobre aqueles referidos no § 2º deste artigo. (Redação dada pela Emenda Constitucional nº 62, de 2009)[75]

§ 2º. Os débitos de natureza alimentícia cujos titulares tenham 60 (sessenta) anos de idade ou mais, ou sejam portadores de doença grave, definidos na forma da lei, serão pagos com preferência sobre todos os demais débitos, até o valor equivalente ao triplo do fixado em lei para os fins do disposto no § 3º deste artigo, admitido o fracionamento para essa finalidade, sendo que o restante será pago na ordem cronológica de apresentação do precatório. (Redação dada pela Emenda Constitucional nº 62, de 2009). [Com supressão de texto conforme decisão do STF]

§ 3º. O disposto no caput deste artigo relativamente à expedição de precatórios não se aplica aos pagamentos de obrigações definidas em leis como de pequeno valor que as Fazendas referidas devam fazer em virtude de sentença judicial transitada em julgado. (Redação dada pela Emenda Constitucional nº 62, de 2009)

§ 4º. Para os fins do disposto no § 3º, poderão ser fixados, por leis próprias, valores distintos às entidades de direito público, segundo as diferentes capacidades econômicas, sendo o mínimo igual ao valor do maior benefício do regime geral de previdência social. (Redação dada pela Emenda Constitucional nº 62, de 2009)

§ 5º. É obrigatória a inclusão, no orçamento das entidades de direito público, de verba necessária ao pagamento de seus débitos, oriundos de sentenças transitadas em julgado, constantes de

---

[75] Ver Sumula Vinculante nº 17 do STF.

precatórios judiciários apresentados até 1º de julho, fazendo-se o pagamento até o final do exercício seguinte, quando terão seus valores atualizados monetariamente. (Redação dada pela Emenda Constitucional nº 62, de 2009)

§ 6º. As dotações orçamentárias e os créditos abertos serão consignados diretamente ao Poder Judiciário, cabendo ao Presidente do Tribunal que proferir a decisão exequenda determinar o pagamento integral e autorizar, a requerimento do credor e exclusivamente para os casos de preterimento de seu direito de precedência ou de não alocação orçamentária do valor necessário à satisfação do seu débito, o sequestro da quantia respectiva. (Redação dada pela Emenda Constitucional nº 62, de 2009)

§ 7º. O Presidente do Tribunal competente que, por ato comissivo ou omissivo, retardar ou tentar frustrar a liquidação regular de precatórios incorrerá em crime de responsabilidade e responderá, também, perante o Conselho Nacional de Justiça. (Incluído pela Emenda Constitucional nº 62, de 2009)

§ 8º. É vedada a expedição de precatórios complementares ou suplementares de valor pago, bem como o fracionamento, repartição ou quebra do valor da execução para fins de enquadramento de parcela do total ao que dispõe o § 3º deste artigo. (Incluído pela Emenda Constitucional nº 62, de 2009)

§ 9º. [Declarado inconstitucional pelo STF].

§ 10. [Declarado inconstitucional pelo STF].

§ 11. É facultada ao credor, conforme estabelecido em lei da entidade federativa devedora, a entrega de créditos em precatórios para compra de imóveis públicos do respectivo ente federado. (Incluído pela Emenda Constitucional nº 62, de 2009)

§ 12. A partir da promulgação desta Emenda Constitucional, a atualização de valores de requisitórios, após sua expedição, até o efetivo pagamento, independentemente de sua natureza [...], e, para fins de compensação da mora, incidirão juros simples, ficando excluída a incidência de juros compensatórios. (Incluído pela Emenda Constitucional nº 62, de 2009) e conforme supressões do texto determinadas pelo STF

§ 13. O credor poderá ceder, total ou parcialmente, seus créditos em precatórios a terceiros, independentemente da concordância do devedor, não se aplicando ao cessionário o disposto nos §§ 2º e 3º. (Incluído pela Emenda Constitucional nº 62, de 2009)

§ 14. A cessão de precatórios somente produzirá efeitos após comunicação, por meio de petição protocolizada, ao tribunal de origem e à entidade devedora. (Incluído pela Emenda Constitucional nº 62, de 2009)

§ 15. Sem prejuízo do disposto neste artigo, lei complementar a esta Constituição Federal poderá estabelecer regime especial para pagamento de crédito de precatórios de Estados, Distrito Federal e Municípios, dispondo sobre vinculações à receita corrente líquida e forma e prazo de liquidação. (Incluído pela Emenda Constitucional nº 62, de 2009)[76]

§ 16. A seu critério exclusivo e na forma de lei, a União poderá assumir débitos, oriundos de precatórios, de Estados, Distrito Federal e Municípios, refinanciando-os diretamente. (Incluído pela Emenda Constitucional nº 62, de 2009)

Art. 33 do ADCT. Ressalvados os créditos de natureza alimentar, o valor dos **precatórios** judiciais pendentes de pagamento na data da promulgação da Constituição, incluído o remanescente de juros e correção monetária, poderá ser pago em moeda corrente, com atualização, em prestações anuais, iguais e sucessivas, no prazo máximo de oito anos, a partir de 1º de julho de 1989, por decisão editada pelo Poder Executivo até cento e oitenta dias da promulgação da Constituição. [Grifo nosso.]

Parágrafo único. Poderão as entidades devedoras, para o cumprimento do disposto neste artigo, emitir, em cada ano, no exato montante do dispêndio, títulos de dívida pública não computáveis para efeito do limite global de endividamento.

---

[76] Antes da aprovação da lei complementar, a EC nº 62/2009 acrescentou o art. 97 ao ADCT, criando regime especial. Este artigo do ADCT foi declarado inconstitucional, em março de 2013, pelo STF.

Art. 78 do ADCT. Ressalvados os créditos definidos em lei como de pequeno valor, os de natureza alimentícia, os de que trata o art. 33 deste Ato das Disposições Constitucionais Transitórias e suas complementações e os que já tiverem os seus respectivos recursos liberados ou depositados em juízo, os precatórios pendentes na data de promulgação desta Emenda e os que decorram de ações iniciais ajuizadas até 31 de dezembro de 1999 serão liquidados pelo seu valor real, em moeda corrente, acrescido de juros legais, em prestações anuais, iguais e sucessivas, no prazo máximo de dez anos, permitida a cessão dos créditos. (Incluído pela Emenda Constitucional nº 30, de 2000)

§ 1º. É permitida a decomposição de parcelas, a critério do credor. (Incluído pela Emenda Constitucional nº 30, de 2000)

§ 2º. As prestações anuais a que se refere o *caput* deste artigo terão, se não liquidadas até o final do exercício a que se referem, poder liberatório do pagamento de tributos da entidade devedora. (Incluído pela Emenda Constitucional nº 30, de 2000) (Vide Emenda Constitucional nº 62, de 2009)

§ 3º. O prazo referido no *caput* deste artigo fica reduzido para dois anos, nos casos de precatórios judiciais originários de desapropriação de imóvel residencial do credor, desde que comprovadamente único à época da imissão na posse. (Incluído pela Emenda Constitucional nº 30, de 2000)

§ 4º. O Presidente do Tribunal competente deverá, vencido o prazo ou em caso de omissão no orçamento, ou preterição ao direito de precedência, a requerimento do credor, requisitar ou determinar o sequestro de recursos financeiros da entidade executada, suficientes à satisfação da prestação. (Incluído pela Emenda Constitucional nº 30, de 2000)

Art. 86 do ADCT. Serão pagos conforme disposto no art. 100 da Constituição Federal, não se lhes aplicando a regra de parcelamento estabelecida no caput do art. 78 deste Ato das Disposições Constitucionais Transitórias, os débitos da Fazenda Federal, Estadual, Distrital ou Municipal oriundos de sentenças transitadas em julgado, que preencham, cumulativamente, as seguintes condições: (Incluído pela Emenda Constitucional nº 37, de 2002)

I — ter sido objeto de emissão de precatórios judiciários; (Incluído pela Emenda Constitucional nº 37, de 2002)

II — ter sido definidos como de pequeno valor pela lei de que trata o § 3º do art. 100 da Constituição Federal ou pelo art. 87 deste Ato das Disposições Constitucionais Transitórias; (Incluído pela Emenda Constitucional nº 37, de 2002)

III — estar, total ou parcialmente, pendentes de pagamento na data da publicação desta Emenda Constitucional. (Incluído pela Emenda Constitucional nº 37, de 2002)

§ 1º. Os débitos a que se refere o caput deste artigo, ou os respectivos saldos, serão pagos na ordem cronológica de apresentação dos respectivos precatórios, com precedência sobre os de maior valor. (Incluído pela Emenda Constitucional nº 37, de 2002)

§ 2º. Os débitos a que se refere o caput deste artigo, se ainda não tiverem sido objeto de pagamento parcial, nos termos do art. 78 deste Ato das Disposições Constitucionais Transitórias, poderão ser pagos em duas parcelas anuais, se assim dispuser a lei. (Incluído pela Emenda Constitucional nº 37, de 2002)

§ 3º. Observada a ordem cronológica de sua apresentação, os débitos de natureza alimentícia previstos neste artigo terão precedência para pagamento sobre todos os demais. (Incluído pela Emenda Constitucional nº 37, de 2002)

Art. 87 do ADCT. Para efeito do que dispõem o § 3º do art. 100 da Constituição Federal e o art. 78 deste Ato das Disposições Constitucionais Transitórias serão considerados de pequeno valor, até que se dê a publicação oficial das respectivas leis definidoras pelos entes da Federação, observado o disposto no § 4º do art. 100 da Constituição Federal, os débitos ou obrigações consignados em precatório judiciário, que tenham valor igual ou inferior a: (Incluído pela Emenda Constitucional nº 37, de 2002)

I — quarenta salários-mínimos, perante a Fazenda dos Estados e do Distrito Federal; (Incluído pela Emenda Constitucional nº 37, de 2002)

II — trinta salários-mínimos, perante a Fazenda dos Municípios. (Incluído pela Emenda Constitucional nº 37, de 2002)
Parágrafo único. Se o valor da execução ultrapassar o estabelecido neste artigo, o pagamento far-se-á, sempre, por meio de precatório, sendo facultada à parte exequente a renúncia ao crédito do valor excedente, para que possa optar pelo pagamento do saldo sem o precatório, da forma prevista no § 3º do art. 100. (Incluído pela Emenda Constitucional nº 37, de 2002)

Art. 97 do ADCT. [Declarado inconstitucional pelo STF].[77]

Despesas com pessoal na administração pública

Art. 27. O número de Deputados à Assembleia Legislativa corresponderá [...]:
§ 2º. O subsídio dos Deputados Estaduais será fixado por lei de iniciativa da Assembleia Legislativa, na razão de, no máximo, setenta e cinco por cento daquele estabelecido, em espécie, para os Deputados Federais, observado o que dispõem os arts. 39, § 4º, 57, § 7º, 150, II, 153, III, e 153, § 2º, I. (Redação dada pela Emenda Constitucional nº 19, de 1998)

Art. 28. A eleição do Governador e do Vice-Governador do Estado, para mandato de 4 (quatro) anos [...]
§ 2º. Os subsídios do Governador, do Vice-Governador e dos Secretários de Estado serão fixados por lei de iniciativa da Assembleia Legislativa, observado o que dispõem os arts. 37, XI, 39, § 4º, 150, II, 153, III, e 153, § 2º, I. (Incluído pela Emenda Constitucional nº 19, de 1998)

Art. 29. O Município reger-se-á por lei orgânica [...] atendidos os seguintes preceitos:

---

[77] Este artigo foi declarado inconstitucional pelas Adins nos 4.357 e 4.425, em março de 2013.

[...]
V — subsídios do Prefeito, do Vice-Prefeito e dos Secretários Municipais fixados por lei de iniciativa da Câmara Municipal, observado o que dispõem os arts. 37, XI, 39, § 4º, 150, II, 153, III, e 153, § 2º, I; (Redação dada pela Emenda constitucional nº 19, de 1998)

VI — o subsídio dos Vereadores será fixado pelas respectivas Câmaras Municipais em cada legislatura para a subsequente, observado o que dispõe esta Constituição, observados os critérios estabelecidos na respectiva Lei Orgânica e os seguintes limites máximos: (Redação dada pela Emenda Constitucional nº 25, de 2000)

a) em Municípios de até dez mil habitantes, o subsídio máximo dos Vereadores corresponderá a vinte por cento do subsídio dos Deputados Estaduais; (Incluído pela Emenda Constitucional nº 25, de 2000)

b) em Municípios de dez mil e um a cinquenta mil habitantes, o subsídio máximo dos Vereadores corresponderá a trinta por cento do subsídio dos Deputados Estaduais; (Incluído pela Emenda Constitucional nº 25, de 2000)

c) em Municípios de cinquenta mil e um a cem mil habitantes, o subsídio máximo dos Vereadores corresponderá a quarenta por cento do subsídio dos Deputados Estaduais; (Incluído pela Emenda Constitucional nº 25, de 2000)

d) em Municípios de cem mil e um a trezentos mil habitantes, o subsídio máximo dos Vereadores corresponderá a cinquenta por cento do subsídio dos Deputados Estaduais; (Incluído pela Emenda Constitucional nº 25, de 2000)

e) em Municípios de trezentos mil e um a quinhentos mil habitantes, o subsídio máximo dos Vereadores corresponderá a sessenta por cento do subsídio dos Deputados Estaduais; (Incluído pela Emenda Constitucional nº 25, de 2000)

f) em Municípios de mais de quinhentos mil habitantes, o subsídio máximo dos Vereadores corresponderá a setenta e cinco por cento do subsídio dos Deputados Estaduais; (Incluído pela Emenda Constitucional nº 25, de 2000)

VII — o *total da despesa com a remuneração dos* **Vereadores** não poderá ultrapassar o montante de cinco por cento da receita do Município; (Incluído pela Emenda Constitucional nº 1, de 1992) [grifos nossos]
[...]
XI — organização das funções legislativas e fiscalizadoras da Câmara Municipal; (Renumerado do inciso IX, pela Emenda Constitucional nº 1, de 1992)

Art. 32. O Distrito Federal, vedada sua divisão em Municípios, reger-se-á por lei orgânica [...] atendidos os princípios estabelecidos nesta Constituição.
[...]
§ 3º. Aos Deputados Distritais e à Câmara Legislativa aplica-se o disposto no art. 27.

Art. 37. A administração pública direta ou indireta [...] obedecerá aos princípios [...] e, também, ao seguinte:
[...]
X — *a remuneração* dos servidores públicos e *o subsídio* de que trata o § 4º do art. 39 somente poderão ser fixados ou alterados por *lei específica*, observada a iniciativa privativa em cada caso, assegurada revisão geral anual, sempre na mesma data e sem distinção de índices; (Redação dada pela Emenda Constitucional nº 19, de 1998) (Regulamento) [grifos nossos]
XI — *a remuneração e o subsídio* dos ocupantes de cargos, funções e empregos públicos da administração direta, autárquica e fundacional, dos membros de qualquer dos Poderes da União, dos Estados, do Distrito Federal e dos Municípios, dos detentores de mandato eletivo e dos demais agentes políticos e os proventos, pensões ou outra espécie remuneratória, percebidos cumulativamente ou não, incluídas as vantagens pessoais ou de qualquer outra natureza, *não poderão exceder* o subsídio mensal, em espécie, dos Ministros do Supremo Tribunal Federal, aplicando-se como limite, nos Municípios, o subsídio do Prefeito, e nos Estados e no

Distrito Federal, o subsídio mensal do Governador no âmbito do Poder Executivo, o subsídio dos Deputados Estaduais e Distritais no âmbito do Poder Legislativo e o subsídio dos Desembargadores do Tribunal de Justiça, limitado a noventa inteiros e vinte e cinco centésimos por cento do subsídio mensal, em espécie, dos Ministros do Supremo Tribunal Federal, no âmbito do Poder Judiciário, aplicável este limite aos membros do Ministério Público, aos Procuradores e aos Defensores Públicos; (Redação dada pela Emenda Constitucional nº 41, 19.12.2003) [grifos nossos]

XII — os vencimentos dos cargos do Poder Legislativo e do Poder Judiciário não poderão ser superiores aos pagos pelo *Poder Executivo*; [grifo nosso]

XIII — é vedada a vinculação ou equiparação de quaisquer espécies remuneratórias para o efeito de remuneração de pessoal do serviço público; (Redação dada pela Emenda Constitucional nº 19, de 1998)

[...]

XV — o subsídio e os vencimentos dos ocupantes de cargos e empregos públicos *são irredutíveis*, ressalvado o disposto nos incisos XI e XIV deste artigo e nos arts. 39, § 4º, 150, II, 153, III, e 153, § 2º, I; (Redação dada pela Emenda Constitucional nº 19, de 1998) [grifo nosso]

[...]

§ 9º. O disposto no inciso XI aplica-se às empresas públicas e às sociedades de economia mista, e suas subsidiárias, que receberem *recursos* da União, dos Estados, do Distrito Federal ou dos Municípios para pagamento de *despesas de pessoal ou de custeio* em geral. (Incluído pela Emenda Constitucional nº 19, de 1998) [grifos nossos]

§ 10. É vedada a percepção simultânea de proventos de aposentadoria decorrentes do art. 40 ou dos arts. 42 e 142 com a remuneração de cargo, emprego ou função pública, ressalvados os cargos acumuláveis na forma desta Constituição, os cargos eletivos e os cargos em comissão declarados em lei de livre nomeação e exoneração. (Incluído pela Emenda Constitucional nº 20, de 1998)

§ 11. Não serão computadas, para efeito dos limites remuneratórios de que trata o inciso XI do caput deste artigo, as *parcelas de caráter indenizatório* previstas em lei. (Incluído pela Emenda Constitucional nº 47, de 2005) [grifo nosso]

§ 12. Para os fins do disposto no inciso XI do caput deste artigo, fica facultado *aos Estados e ao Distrito Federal* fixar, em seu âmbito, mediante emenda às respectivas Constituições e Lei Orgânica, como *limite único*, o subsídio mensal dos Desembargadores do respectivo Tribunal de Justiça, limitado a noventa inteiros e vinte e cinco centésimos por cento do subsídio mensal dos Ministros do Supremo Tribunal Federal, não se aplicando o disposto neste parágrafo aos subsídios dos Deputados Estaduais e Distritais e dos Vereadores. (Incluído pela Emenda Constitucional nº 47, de 2005) [grifos nossos]

Art. 39. A União, os Estados, o Distrito Federal e os Municípios instituirão conselho de política de administração e remuneração de pessoal, integrado por servidores designados pelos respectivos Poderes. (Redação dada pela Emenda Constitucional nº 19, de 1998) (Vide ADIN nº 2.135-4)
[...]

§ 4º. O membro de Poder, o detentor de mandato eletivo, os Ministros de Estado e os Secretários Estaduais e Municipais serão *remunerados* exclusivamente por subsídio fixado em parcela única, vedado o acréscimo de qualquer gratificação, adicional, abono, prêmio, verba de representação ou outra espécie remuneratória, obedecido, em qualquer caso, o disposto no art. 37, X e XI. (Incluído pela Emenda Constitucional nº 19, de 1998) [grifo nosso]

§ 5º. Lei da União, dos Estados, do Distrito Federal e dos Municípios poderá estabelecer *a relação entre a maior e a menor remuneração* dos servidores públicos, obedecido, em qualquer caso, o disposto no art. 37, XI. (Incluído pela Emenda Constitucional nº 19, de 1998) [grifo nosso]

§ 6º. Os Poderes Executivo, Legislativo e Judiciário *publicarão* anualmente os valores do subsídio e da remuneração dos cargos e empregos públicos. (Incluído pela Emenda Constitucional nº 19, de 1998) [grifo nosso]

§ 7º. Lei da União, dos Estados, do Distrito Federal e dos Municípios disciplinará a aplicação de recursos orçamentários provenientes da economia com despesas correntes em cada órgão, autarquia e fundação, para aplicação no desenvolvimento de programas de qualidade e produtividade, treinamento e desenvolvimento, modernização, reaparelhamento e racionalização do serviço público, inclusive sob a forma de adicional ou prêmio de produtividade. (Incluído pela Emenda Constitucional nº 19, de 1998)

§ 8º. A *remuneração* dos servidores públicos organizados em carreira poderá ser fixada nos termos do § 4º. (Incluído pela Emenda Constitucional nº 19, de 1998) [grifo nosso]

Art. 40. Aos servidores titulares de cargos efetivos da União, dos Estados, do Distrito Federal e dos Municípios, incluídas suas autarquias e fundações, é assegurado *regime de previdência de caráter contributivo e solidário*, mediante contribuição do respectivo ente público, dos servidores ativos e inativos e dos pensionistas, observados critérios que preservem o equilíbrio financeiro e atuarial e o disposto neste artigo. (Redação dada pela Emenda Constitucional nº 41, 19.12.2003) [grifo nosso]

§ 1º. Os servidores abrangidos pelo regime de previdência de que trata este artigo serão aposentados, calculados os seus proventos a partir dos valores fixados na forma dos §§ 3º e 17: (Redação dada pela Emenda Constitucional nº 41, 19.12.2003)

I — por invalidez permanente, sendo os proventos proporcionais ao tempo de contribuição, exceto se decorrente de acidente em serviço, moléstia profissional ou doença grave, contagiosa ou incurável, na forma da lei; (Redação dada pela Emenda Constitucional nº 41, 19.12.2003)

II — compulsoriamente, com proventos proporcionais ao tempo de contribuição, aos 70 (setenta) anos de idade, ou aos 75 (setenta e cinco) anos de idade, na forma de lei complementar;(Redação dada pela Emenda Constitucional nº 88, de 2015)

III — voluntariamente, desde que cumprido tempo mínimo de dez anos de efetivo exercício no serviço público e cinco anos no cargo efetivo em que se dará a aposentadoria, observadas as seguintes condições: (Redação dada pela Emenda Constitucional nº 20, de 15/12/98)

a) sessenta anos de idade e trinta e cinco de contribuição, se homem, e cinquenta e cinco anos de idade e trinta de contribuição, se mulher; (Redação dada pela Emenda Constitucional nº 20, de 15/12/98)

b) sessenta e cinco anos de idade, se homem, e sessenta anos de idade, se mulher, com proventos proporcionais ao tempo de contribuição. (Redação dada pela Emenda Constitucional nº 20, de 15/12/98)

§ 2º. Os proventos de aposentadoria e as pensões, por ocasião de sua concessão, não poderão exceder a remuneração do respectivo servidor, no cargo efetivo em que se deu a aposentadoria ou que serviu de referência para a concessão da pensão. (Redação dada pela Emenda Constitucional nº 20, de 15/12/98)

§ 3º. Para o cálculo dos proventos de aposentadoria, por ocasião da sua concessão, serão consideradas as remunerações utilizadas como base para as contribuições do servidor aos regimes de previdência de que tratam este artigo e o art. 201, na forma da lei. (Redação dada pela Emenda Constitucional nº 41, 19.12.2003)

[...]

§ 5º. Os requisitos de idade e de tempo de contribuição serão reduzidos em cinco anos, em relação ao disposto no § 1º, III, "a", para o professor que comprove exclusivamente tempo de efetivo exercício das funções de magistério na educação infantil e no ensino fundamental e médio. (Redação dada pela Emenda Constitucional nº 20, de 15/12/98)

§ 6º. Ressalvadas as aposentadorias decorrentes dos cargos acumuláveis na forma desta Constituição, é vedada a percepção de mais de uma aposentadoria à conta do regime de previdência previsto neste artigo. (Redação dada pela Emenda Constitucional nº 20, de 15/12/98)

§ 7º. Lei disporá sobre a concessão do benefício de pensão por morte, que será igual: (Redação dada pela Emenda Constitucional nº 41, 19.12.2003)

I — ao valor da totalidade dos proventos do servidor falecido, até o limite máximo estabelecido para os benefícios do regime geral de previdência social de que trata o art. 201, acrescido de setenta por cento da parcela excedente a este limite, caso aposentado à data do óbito; ou (Incluído pela Emenda Constitucional nº 41, 19.12.2003)

II — ao valor da totalidade da remuneração do servidor no cargo efetivo em que se deu o falecimento, até o limite máximo estabelecido para os benefícios do regime geral de previdência social de que trata o art. 201, acrescido de setenta por cento da parcela excedente a este limite, caso em atividade na data do óbito. (Incluído pela Emenda Constitucional nº 41, 19.12.2003)

§ 8º. É assegurado o reajustamento dos benefícios para preservar-lhes, em caráter permanente, o valor real, conforme critérios estabelecidos em lei. (Redação dada pela Emenda Constitucional nº 41, 19.12.2003)

§ 9º. O tempo de contribuição federal, estadual ou municipal será contado para efeito de aposentadoria e o tempo de serviço correspondente para efeito de disponibilidade. (Incluído pela Emenda Constitucional nº 20, de 15/12/98)

§ 10. A lei não poderá estabelecer qualquer forma de contagem de tempo de contribuição fictício. (Incluído pela Emenda Constitucional nº 20, de 15/12/98)

§ 11. Aplica-se o limite fixado no art. 37, XI, à soma total dos proventos de inatividade, inclusive quando decorrentes da acumulação de cargos ou empregos públicos, bem como de outras atividades sujeitas a contribuição para o regime geral de previdência social, e ao montante resultante da adição de proventos de inatividade com remuneração de cargo acumulável na forma desta Constituição, cargo em comissão declarado em lei de livre nomeação e exoneração, e de cargo eletivo. (Incluído pela Emenda Constitucional nº 20, de 15/12/98)

§ 12. Além do disposto neste artigo, o regime de previdência dos servidores públicos titulares de cargo efetivo observará, no que couber, os requisitos e critérios fixados para o regime geral de previdência social. (Incluído pela Emenda Constitucional nº 20, de 15/12/98)

§ 13. Ao servidor ocupante, exclusivamente, de cargo em comissão declarado em lei de livre nomeação e exoneração bem como de outro cargo temporário ou de emprego público, aplica-se o regime geral de previdência social. (Incluído pela Emenda Constitucional nº 20, de 15/12/98)

§ 14. A União, os Estados, o Distrito Federal e os Municípios, desde que instituam regime de previdência complementar para os seus respectivos servidores titulares de cargo efetivo, poderão fixar, para o valor das aposentadorias e pensões a serem concedidas pelo regime de que trata este artigo, o limite máximo estabelecido para os benefícios do regime geral de previdência social de que trata o art. 201. (Incluído pela Emenda Constitucional nº 20, de 15/12/98)

§ 15. O regime de previdência complementar de que trata o § 14 será instituído por lei de iniciativa do respectivo Poder Executivo, observado o disposto no art. 202 e seus parágrafos, no que couber, por intermédio de entidades fechadas de previdência complementar, de natureza pública, que oferecerão aos respectivos participantes planos de benefícios somente na modalidade de contribuição definida. (Redação dada pela Emenda Constitucional nº 41, 19.12.2003)

§ 16. Somente mediante sua prévia e expressa opção, o disposto nos §§ 14 e 15 poderá ser aplicado ao servidor que tiver ingressado no serviço público até a data da publicação do ato de instituição do correspondente regime de previdência complementar. (Incluído pela Emenda Constitucional nº 20, de 15/12/98)

§ 17. Todos os valores de remuneração considerados para o cálculo do benefício previsto no § 3° serão devidamente atualizados, na forma da lei. (Incluído pela Emenda Constitucional nº 41, 19.12.2003)

§ 18. Incidirá contribuição sobre os proventos de aposentadorias e pensões concedidas pelo regime de que trata este artigo que superem o limite máximo estabelecido para os benefícios do regime geral de previdência social de que trata o art. 201, com percentual igual ao estabelecido para os servidores titulares de cargos efetivos. (Incluído pela Emenda Constitucional nº 41, 19.12.2003)

§ 19. O servidor de que trata este artigo que tenha completado as exigências para aposentadoria voluntária estabelecidas no § 1º, III, a, e que opte por permanecer em atividade fará jus a um abono de permanência equivalente ao valor da sua contribuição previdenciária até completar as exigências para aposentadoria compulsória contidas no § 1º, II. (Incluído pela Emenda Constitucional nº 41, 19.12.2003)

§ 20. Fica vedada a existência de mais de um regime próprio de previdência social para os servidores titulares de cargos efetivos, e de mais de uma unidade gestora do respectivo regime em cada ente estatal, ressalvado o disposto no art. 142, § 3º, X. (Incluído pela Emenda Constitucional nº 41, 19.12.2003)

§ 21. A contribuição prevista no § 18 deste artigo incidirá apenas sobre as parcelas de proventos de aposentadoria e de pensão que superem o dobro do limite máximo estabelecido para os benefícios do regime geral de previdência social de que trata o art. 201 desta Constituição, quando o beneficiário, na forma da lei, for portador de doença incapacitante. (Incluído pela Emenda Constitucional nº 47, de 2005)

Art. 48. Cabe ao Congresso Nacional, com a sanção do Presidente da República, não exigida esta para o especificado nos arts. 49, 51 e 52, dispor sobre todas as matérias de competência da União, especialmente sobre:
[...]
XV — fixação do *subsídio* dos Ministros do Supremo Tribunal Federal, observado o que dispõem os arts. 39, § 4º; 150, II; 153, III; e 153, § 2º, I. (Redação dada pela Emenda Constitucional nº 41, 19.12.2003) [grifo nosso]

Art. 49. É da competência exclusiva do Congresso Nacional:
[...]
VII — fixar idêntico subsídio para os Deputados Federais e os Senadores, observado o que dispõem os arts. 37, XI, 39, § 4º, 150, II,

153, III, e 153, § 2º, I; (Redação dada pela Emenda Constitucional nº 19, de 1998)

VIII — fixar os subsídios do Presidente e do Vice-Presidente da República e dos Ministros de Estado, observado o que dispõem os arts. 37, XI, 39, § 4º, 150, II, 153, III, e 153, § 2º, I; (Redação dada pela Emenda Constitucional nº 19, de 1998)

Art. 51. Compete privativamente à Câmara dos Deputados:
[...]
IV — dispor sobre sua organização, funcionamento, polícia, criação, transformação ou extinção dos cargos, empregos e funções de seus serviços, e a iniciativa de lei para fixação da respectiva *remuneração*, observados os parâmetros estabelecidos na lei de diretrizes orçamentárias; (Redação dada pela Emenda Constitucional nº 19, de 1998) [grifo nosso]

Art. 52. Compete privativamente ao Senado Federal:
[...]
XIII — dispor sobre sua organização, funcionamento, polícia, criação, transformação ou extinção dos cargos, empregos e funções de seus serviços, e a iniciativa de lei para fixação da respectiva *remuneração*, observados os parâmetros estabelecidos na lei de diretrizes orçamentárias; (Redação dada pela Emenda Constitucional nº 19, de 1998) [grifo noso]

Art. 93. Lei complementar, de iniciativa do Supremo Tribunal Federal, disporá sobre o Estatuto da Magistratura, observados os seguintes princípios:
[...]
V — o *subsídio* dos Ministros dos Tribunais Superiores corresponderá a noventa e cinco por cento do subsídio mensal fixado para os Ministros do Supremo Tribunal Federal e os subsídios dos demais magistrados serão fixados em lei e escalonados, em nível federal e estadual, conforme as respectivas categorias da estrutura judiciária nacional, não podendo a diferença entre uma e outra ser superior a

dez por cento ou inferior a cinco por cento, nem exceder a noventa e cinco por cento do subsídio mensal dos Ministros dos Tribunais Superiores, obedecido, em qualquer caso, o disposto nos arts. 37, XI, e 39, § 4º; (Redação dada pela Emenda Constitucional nº 19, de 1998) VI — a *aposentadoria* dos magistrados e a pensão de seus dependentes observarão o disposto no art. 40; (Redação dada pela Emenda Constitucional nº 20, de 1998) [grifos nossos]

Art. 96. Compete privativamente:
[...]
II — ao Supremo Tribunal Federal, aos Tribunais Superiores e aos Tribunais de Justiça propor ao Poder Legislativo respectivo, observado o disposto no art. 169:
a) a alteração do número de membros dos tribunais inferiores;
b) a criação e a extinção de cargos e a *remuneração* dos seus serviços auxiliares e dos juízos que lhes forem vinculados, bem como a fixação do *subsídio* de seus membros e dos juízes, inclusive dos tribunais inferiores, onde houver; (Redação dada pela Emenda Constitucional nº 41, 19.12.2003) [grifos nossos]

Art. 169. A despesa com pessoal ativo e inativo da União, dos Estados, do Distrito Federal e dos Municípios não poderá exceder os limites estabelecidos em lei complementar.
§ 1º. A concessão de qualquer vantagem ou aumento de remuneração, a criação de cargos, empregos e funções ou alteração de estrutura de carreiras, bem como a admissão ou contratação de pessoal, a qualquer título, pelos órgãos e entidades da administração direta ou indireta, inclusive fundações instituídas e mantidas pelo poder público, só poderão ser feitas: (Renumerado do parágrafo único, pela Emenda Constitucional nº 19, de 1998)
I — se houver prévia dotação orçamentária suficiente para atender às projeções de despesa de pessoal e aos acréscimos dela decorrentes; (Incluído pela Emenda Constitucional nº 19, de 1998)
II — se houver autorização específica na lei de diretrizes orçamentárias, ressalvadas as empresas públicas e as sociedades de economia mista. (Incluído pela Emenda Constitucional nº 19, de 1998)

§ 2º. Decorrido o prazo estabelecido na lei complementar referida neste artigo para a adaptação aos parâmetros ali previstos, serão imediatamente suspensos todos os repasses de verbas federais ou estaduais aos Estados, ao Distrito Federal e aos Municípios que não observarem os referidos limites. (Incluído pela Emenda Constitucional nº 19, de 1998)

§ 3º. Para o cumprimento dos limites estabelecidos com base neste artigo, durante o prazo fixado na lei complementar referida no caput, a União, os Estados, o Distrito Federal e os Municípios adotarão as seguintes providências: (Incluído pela Emenda Constitucional nº 19, de 1998)

I — redução em pelo menos vinte por cento das despesas com cargos em comissão e funções de confiança; (Incluído pela Emenda Constitucional nº 19, de 1998)

II — exoneração dos servidores não estáveis. (Incluído pela Emenda Constitucional n° 19, de 1998) (Vide Emenda Constitucional nº 19, de 1998)

§ 4º. Se as medidas adotadas com base no parágrafo anterior não forem suficientes para assegurar o cumprimento da determinação da lei complementar referida neste artigo, o servidor estável poderá perder o cargo, desde que ato normativo motivado de cada um dos Poderes especifique a atividade funcional, o órgão ou unidade administrativa objeto da redução de pessoal. (Incluído pela Emenda Constitucional nº 19, de 1998)

§ 5º. O servidor que perder o cargo na forma do parágrafo anterior fará jus a indenização correspondente a um mês de remuneração por ano de serviço. (Incluído pela Emenda Constitucional nº 19, de 1998)

§ 6º. O cargo objeto da redução prevista nos parágrafos anteriores será considerado extinto, vedada a criação de cargo, emprego ou função com atribuições iguais ou assemelhadas pelo prazo de quatro anos. (Incluído pela Emenda Constitucional nº 19, de 1998)

§ 7º. Lei federal disporá sobre as normas gerais a serem obedecidas na efetivação do disposto no § 4º. (Incluído pela Emenda Constitucional nº 19, de 1998)[78]

Art. 249. Com o objetivo de assegurar recursos para o pagamento de proventos de aposentadoria e pensões concedidas aos respectivos servidores e seus dependentes, em adição aos recursos dos respectivos tesouros, a União, os Estados, o Distrito Federal e os Municípios poderão constituir fundos integrados pelos recursos provenientes de contribuições e por bens, direitos e ativos de qualquer natureza, mediante lei que disporá sobre a natureza e administração desses fundos. (Incluído pela Emenda Constitucional nº 20, de 1998)

Art. 53 do ADCT. Ao ex-combatente que tenha efetivamente participado de operações bélicas durante a Segunda Guerra Mundial, nos termos da Lei nº 5.315, de 12 de setembro de 1967, serão assegurados os seguintes direitos:
I — aproveitamento no serviço público, sem a exigência de concurso, com estabilidade;
II — pensão especial correspondente à deixada por segundo-tenente das Forças Armadas, que poderá ser requerida a qualquer tempo, sendo inacumulável com quaisquer rendimentos recebidos dos cofres públicos, exceto os benefícios previdenciários, ressalvado o direito de opção;
III — em caso de morte, pensão à viúva ou companheira ou dependente, de forma proporcional, de valor igual à do inciso anterior;
IV — assistência médica, hospitalar e educacional gratuita, extensiva aos dependentes;
V — aposentadoria com proventos integrais aos vinte e cinco anos de serviço efetivo, em qualquer regime jurídico;

---

[78] O art. 38 do ADCT fixou o limite de 65% das despesas correntes para atender as despesas de pessoal, até a aprovação de lei complementar. No caso, temos a LC nº 101/2000 (LRF).

VI — prioridade na aquisição da casa própria, para os que não a possuam ou para suas viúvas ou companheiras.

Parágrafo único. A concessão da pensão especial do inciso II substitui, para todos os efeitos legais, qualquer outra pensão já concedida ao ex-combatente.

Despesas do Legislativo municipal

Art. 29-A. O *total da despesa do Poder Legislativo Municipal*, incluídos os subsídios dos Vereadores e excluídos os gastos com inativos, *não poderá ultrapassar os seguintes percentuais*, relativos ao somatório da receita tributária e das transferências previstas no § 5º do art. 153 e nos arts. 158 e 159, efetivamente realizado no exercício anterior: (Incluído pela Emenda Constitucional nº 25, de 2000) [grifos nossos]

I — 7% (sete por cento) para Municípios com população de até 100.000 (cem mil) habitantes; (Redação dada pela Emenda Constituição Constitucional nº 58, de 2009) (Produção de efeito)

II — 6% (seis por cento) para Municípios com população entre 100.000 (cem mil) e 300.000 (trezentos mil) habitantes; (Redação dada pela Emenda Constituição Constitucional nº 58, de 2009)

III — 5% (cinco por cento) para Municípios com população entre 300.001 (trezentos mil e um) e 500.000 (quinhentos mil) habitantes; (Redação dada pela Emenda Constituição Constitucional nº 58, de 2009)

IV — 4,5% (quatro inteiros e cinco décimos por cento) para Municípios com população entre 500.001 (quinhentos mil e um) e 3.000.000 (três milhões) de habitantes; (Redação dada pela Emenda Constituição Constitucional nº 58, de 2009)

V — 4% (quatro por cento) para Municípios com população entre 3.000.001 (três milhões e um) e 8.000.000 (oito milhões) de habitantes; (Incluído pela Emenda Constituição Constitucional nº 58, de 2009)

VI — 3,5% (três inteiros e cinco décimos por cento) para Municípios com população acima de 8.000.001 (oito milhões e um) habitantes. (Incluído pela Emenda Constituição Constitucional nº 58, de 2009)

§ 1º. A Câmara Municipal não gastará mais de setenta por cento de sua receita com folha de pagamento, incluído o gasto com o subsídio de seus Vereadores. (Incluído pela Emenda Constitucional nº 25, de 2000)

§ 2º. Constitui crime de responsabilidade do Prefeito Municipal: (Incluído pela Emenda Constitucional nº 25, de 2000)

I — efetuar repasse que supere os limites definidos neste artigo; (Incluído pela Emenda Constitucional nº 25, de 2000)

II — não enviar o repasse até o dia vinte de cada mês; ou (Incluído pela Emenda Constitucional nº 25, de 2000)

III — enviá-lo a menor em relação à proporção fixada na Lei Orçamentária. (Incluído pela Emenda Constitucional nº 25, de 2000)

§ 3º. Constitui crime de responsabilidade do Presidente da Câmara Municipal o desrespeito ao § 1º deste artigo. (Incluído pela Emenda Constitucional nº 25, de 2000)

Despesas com previdência e assistência social

Art. 201. A previdência social será organizada sob a forma de regime geral, de caráter contributivo e de filiação obrigatória, observados critérios que preservem o equilíbrio financeiro e atuarial, e atenderá, nos termos da lei, a: (Redação dada pela Emenda Constitucional nº 20, de 1998)

I — cobertura dos eventos de doença, invalidez, morte e idade avançada; (Redação dada pela Emenda Constitucional nº 20, de 1998)

II — proteção à maternidade, especialmente à gestante; (Redação dada pela Emenda Constitucional nº 20, de 1998)

III — proteção ao trabalhador em situação de desemprego involuntário; (Redação dada pela Emenda Constitucional nº 20, de 1998)

IV — salário-família e auxílio-reclusão para os dependentes dos segurados de baixa renda; (Redação dada pela Emenda Constitucional nº 20, de 1998)

V — pensão por morte do segurado, homem ou mulher, ao cônjuge ou companheiro e dependentes, observado o disposto no § 2º. (Redação dada pela Emenda Constitucional nº 20, de 1998)

[...]

§ 7º. É assegurada aposentadoria no regime geral de previdência social, nos termos da lei, obedecidas as seguintes condições: (Redação dada pela Emenda Constitucional nº 20, de 1998)

I — trinta e cinco anos de contribuição, se homem, e trinta anos de contribuição, se mulher; (Incluído dada pela Emenda Constitucional nº 20, de 1998)

II — sessenta e cinco anos de idade, se homem, e sessenta anos de idade, se mulher, reduzido em cinco anos o limite para os trabalhadores rurais de ambos os sexos e para os que exerçam suas atividades em regime de economia familiar, nestes incluídos o produtor rural, o garimpeiro e o pescador artesanal. (Incluído dada pela Emenda Constitucional nº 20, de 1998)

[...]

§ 12. Lei disporá sobre sistema especial de inclusão previdenciária para atender a trabalhadores de baixa renda e àqueles sem renda própria que se dediquem exclusivamente ao trabalho doméstico no âmbito de sua residência, desde que pertencentes a famílias de baixa renda, garantindo-lhes acesso a benefícios de valor igual a um salário-mínimo. (Redação dada pela Emenda Constitucional nº 47, de 2005)

§ 13. O sistema especial de inclusão previdenciária de que trata o § 12 deste artigo terá alíquotas e carências inferiores às vigentes para os demais segurados do regime geral de previdência social. (Incluído pela Emenda Constitucional nº 47, de 2005)

Art. 202. O regime de previdência privada, de caráter complementar e organizado de forma autônoma em relação ao regime geral de previdência social, será facultativo, baseado na constituição de reservas que garantam o benefício contratado, e regulado por lei complementar. (Redação dada pela Emenda Constitucional nº 20, de 1998)

§ 1º. A lei complementar de que trata este artigo assegurará ao participante de planos de benefícios de entidades de previdência privada o pleno acesso às informações relativas à gestão de seus respectivos planos. (Redação dada pela Emenda Constitucional nº 20, de 1998)

§ 2º. As contribuições do empregador, os benefícios e as condições contratuais previstas nos estatutos, regulamentos e planos de benefícios das entidades de previdência privada não integram o contrato de trabalho dos participantes, assim como, à exceção dos benefícios concedidos, não integram a remuneração dos participantes, nos termos da lei. (Redação dada pela Emenda Constitucional nº 20, de 1998)

§ 3º. É vedado o aporte de recursos a entidade de previdência privada pela União, Estados, Distrito Federal e Municípios, suas autarquias, fundações, empresas públicas, sociedades de economia mista e outras entidades públicas, salvo na qualidade de patrocinador, situação na qual, em hipótese alguma, sua contribuição normal poderá exceder a do segurado. (Incluído pela Emenda Constitucional nº 20, de 1998)

§ 4º. Lei complementar disciplinará a relação entre a União, Estados, Distrito Federal ou Municípios, inclusive suas autarquias, fundações, sociedades de economia mista e empresas controladas direta ou indiretamente, enquanto patrocinadoras de entidades fechadas de previdência privada, e suas respectivas entidades fechadas de previdência privada. (Incluído pela Emenda Constitucional nº 20, de 1998)

§ 5º. A lei complementar de que trata o parágrafo anterior aplicar-se-á, no que couber, às empresas privadas permissionárias ou concessionárias de prestação de serviços públicos, quando patrocinadoras de entidades fechadas de previdência privada. (Incluído pela Emenda Constitucional nº 20, de 1998)

§ 6º. A lei complementar a que se refere o § 4º deste artigo estabelecerá os requisitos para a designação dos membros das diretorias das entidades fechadas de previdência privada e disciplinará a inserção dos participantes nos colegiados e instâncias de decisão em que seus interesses sejam objeto de discussão e deliberação. (Incluído pela Emenda Constitucional nº 20, de 1998)

Art. 204. As ações governamentais na área da assistência social serão realizadas com recursos do orçamento da seguridade social, previstos no art. 195, além de outras fontes, e organizadas com base nas seguintes diretrizes:

I — descentralização político-administrativa, cabendo a coordenação e as normas gerais à esfera federal e a coordenação e a execução dos respectivos programas às esferas estadual e municipal, bem como a entidades beneficentes e de assistência social;

II — participação da população, por meio de organizações representativas, na formulação das políticas e no controle das ações em todos os níveis.

Parágrafo único. É facultado aos Estados e ao Distrito Federal vincular a programa de apoio à inclusão e promoção social até cinco décimos por cento de sua receita tributária líquida, vedada a aplicação desses recursos no pagamento de: (Incluído pela Emenda Constitucional nº 42, de 19.12.2003)

I — despesas com pessoal e encargos sociais; (Incluído pela Emenda Constitucional nº 42, de 19.12.2003)

II — serviço da dívida; (Incluído pela Emenda Constitucional nº 42, de 19.12.2003)

III — qualquer outra despesa corrente não vinculada diretamente aos investimentos ou ações apoiados. (Incluído pela Emenda Constitucional nº 42, de 19.12.2003)

Art. 248. Os benefícios pagos, a qualquer título, pelo órgão responsável pelo regime geral de previdência social, ainda que à conta do Tesouro Nacional, e os não sujeitos ao limite máximo de valor fixado para os benefícios concedidos por esse regime observarão os limites fixados no art. 37, XI. (Incluído pela Emenda Constitucional nº 20, de 1998)

Art. 250. Com o objetivo de assegurar recursos para o pagamento dos benefícios concedidos pelo regime geral de previdência social, em adição aos recursos de sua arrecadação, a União poderá constituir fundo integrado por bens, direitos e ativos de qualquer natureza, mediante lei que disporá sobre a natureza e administração desse fundo. (Incluído pela Emenda Constitucional nº 20, de 1998)

Despesas com a criação de novo estado

Art. 234. É vedado à União, direta ou indiretamente, assumir, em decorrência da criação de Estado, encargos referentes a despesas com pessoal inativo e com encargos e amortizações da dívida interna ou externa da administração pública, inclusive da indireta.

Art. 235. Nos dez primeiros anos da criação de Estado, serão observadas as seguintes normas básicas:
[...]
III — o Tribunal de Contas terá três membros, nomeados, pelo Governador eleito, dentre brasileiros de comprovada idoneidade e notório saber;
[...]
IX — se o novo Estado for resultado de transformação de Território Federal, a transferência de encargos financeiros da União para pagamento dos servidores optantes que pertenciam à Administração Federal ocorrerá da seguinte forma:
a) no sexto ano de instalação, o Estado assumirá vinte por cento dos encargos financeiros para fazer face ao pagamento dos servidores públicos, ficando ainda o restante sob a responsabilidade da União;
b) no sétimo ano, os encargos do Estado serão acrescidos de trinta por cento e, no oitavo, dos restantes cinquenta por cento;
[...]
XI — as despesas orçamentárias com pessoal não poderão ultrapassar cinquenta por cento da receita do Estado.

Despesas com fundos especiais

Art. 42. Durante 40 (quarenta) anos, a União aplicará dos recursos destinados à irrigação:
I — 20% (vinte por cento) na Região Centro-Oeste;
II — 50% (cinquenta por cento) na Região Nordeste, preferencialmente no Semiárido.
Parágrafo único. Dos percentuais previstos nos incisos I e II do caput, no mínimo 50% (cinquenta por cento) serão destinados a projetos de irrigação que beneficiem agricultores familiares que atendam aos requisitos previstos em legislação específica. (Redação dada pela Emenda Constitucional nº 89, de 2015)

Art. 79 do ADCT. É instituído, para vigorar até o ano de 2010, no âmbito do Poder Executivo Federal, o Fundo de Combate e Erradicação da Pobreza, a ser regulado por lei complementar com o objetivo de viabilizar a todos os brasileiros acesso a níveis dignos de subsistência, cujos recursos serão aplicados em ações suplementares de nutrição, habitação, educação, saúde, reforço de renda familiar e outros programas de relevante interesse social voltados para melhoria da qualidade de vida. (Incluído pela Emenda Constitucional nº 31, de 2000) (Vide Emenda Constitucional nº 42, de 19.12.2003) (Vide Emenda Constitucional nº 67, de 2010)
Parágrafo único. O Fundo previsto neste artigo terá Conselho Consultivo e de Acompanhamento que conte com a participação de representantes da sociedade civil, nos termos da lei. (Incluído pela Emenda Constitucional nº 31, de 2000)

Art. 80 do ADCT. Compõem o Fundo de Combate e Erradicação da Pobreza: (Incluído pela Emenda Constitucional nº 31, de 2000) (Vide Emenda Constitucional nº 67, de 2010)
I — a parcela do produto da arrecadação correspondente a um adicional de oito centésimos por cento, aplicável de 18 de junho de 2000 a 17 de junho de 2002, na alíquota da contribuição social de que trata o art. 75 do Ato das Disposições Constitucionais Transitórias; (Incluído pela Emenda Constitucional nº 31, de 2000)

II — a parcela do produto da arrecadação correspondente a um adicional de cinco pontos percentuais na alíquota do Imposto sobre Produtos Industrializados — IPI, ou do imposto que vier a substituí-lo, incidente sobre produtos supérfluos e aplicável até a extinção do Fundo; (Incluído pela Emenda Constitucional nº 31, de 2000)

III — o produto da arrecadação do imposto de que trata o art. 153, inciso VII, da Constituição; (Incluído pela Emenda Constitucional nº 31, de 2000)

IV — dotações orçamentárias; (Incluído pela Emenda Constitucional nº 31, de 2000)

V- doações, de qualquer natureza, de pessoas físicas ou jurídicas do País ou do exterior; (Incluído pela Emenda Constitucional nº 31, de 2000)

VI — outras receitas, a serem definidas na regulamentação do referido Fundo. (Incluído pela Emenda Constitucional nº 31, de 2000)

§ 1º. Aos recursos integrantes do Fundo de que trata este artigo não se aplica o disposto nos arts. 159 e 167, inciso IV, da Constituição, assim como qualquer desvinculação de recursos orçamentários. (Incluído pela Emenda Constitucional nº 31, de 2000)

§ 2º. A arrecadação decorrente do disposto no inciso I deste artigo, no período compreendido entre 18 de junho de 2000 e o início da vigência da lei complementar a que se refere a art. 79, será integralmente repassada ao Fundo, preservado o seu valor real, em títulos públicos federais, progressivamente resgatáveis após 18 de junho de 2002, na forma da lei. (Incluído pela Emenda Constitucional nº 31, de 2000)

Art. 81 do ADCT. É instituído Fundo constituído pelos recursos recebidos pela União em decorrência da desestatização de sociedades de economia mista ou empresas públicas por ela controladas, direta ou indiretamente, quando a operação envolver a alienação do respectivo controle acionário a pessoa ou entidade não integrante da Administração Pública, ou de participação societária remanescente após a alienação, cujos rendimentos, gerados a partir de 18 de junho de 2002, reverterão ao Fundo de Combate e Erradicação de Pobreza. (Incluído pela Emenda Constitucional nº 31, de 2000) (Vide Emenda Constitucional nº 67, de 2010)

§ 1º. Caso o montante anual previsto nos rendimentos transferidos ao Fundo de Combate e Erradicação da Pobreza, na forma deste artigo, não alcance o valor de quatro bilhões de reais, far-se-á complementação na forma do art. 80, inciso IV, do Ato das disposições Constitucionais Transitórias. (Incluído pela Emenda Constitucional nº 31, de 2000)

§ 2º. Sem prejuízo do disposto no § 1º, o Poder Executivo poderá destinar ao Fundo a que se refere este artigo outras receitas decorrentes da alienação de bens da União. (Incluído pela Emenda Constitucional nº 31, de 2000)

§ 3º. A constituição do Fundo a que se refere o caput, a transferência de recursos ao Fundo de Combate e Erradicação da Pobreza e as demais disposições referentes ao § 1º deste artigo serão disciplinadas em lei, não se aplicando o disposto no art. 165, § 9º, inciso II, da Constituição. (Incluído pela Emenda Constitucional nº 31, de 2000)

Art. 82 do ADCT. Os Estados, o Distrito Federal e os Municípios devem instituir Fundos de Combate à Pobreza, com os recursos de que trata este artigo e outros que vierem a destinar, devendo os referidos Fundos ser geridos por entidades que contem com a participação da sociedade civil. (Incluído pela Emenda Constitucional nº 31, de 2000)

§ 1º. Para o financiamento dos Fundos Estaduais e Distrital, poderá ser criado adicional de até dois pontos percentuais na alíquota do Imposto sobre Circulação de Mercadorias e Serviços — ICMS, sobre os produtos e serviços supérfluos e nas condições definidas na lei complementar de que trata o art. 155, § 2º, XII, da Constituição, não se aplicando, sobre este percentual, o disposto no art. 158, IV, da Constituição. (Redação dada pela Emenda Constitucional nº 42, de 19.12.2003)

§ 2º. Para o financiamento dos Fundos Municipais, poderá ser criado adicional de até meio ponto percentual na alíquota do Imposto sobre serviços ou do imposto que vier a substituí-lo, sobre serviços supérfluos. (Incluído pela Emenda Constitucional nº 31, de 2000)

Art. 83 do ADCT. Lei federal definirá os produtos e serviços supérfluos a que se referem os arts. 80, II, e 82, § 2º. (Redação dada pela Emenda Constitucional nº 42, de 19.12.2003)

Art. 91 do ADCT. A União entregará aos Estados e ao Distrito Federal o montante definido em lei complementar, de acordo com critérios, prazos e condições nela determinados, podendo considerar as exportações para o exterior de produtos primários e semielaborados, a relação entre as exportações e as importações, os créditos decorrentes de aquisições destinadas ao ativo permanente e a efetiva manutenção e aproveitamento do crédito do imposto a que se refere o art. 155, § 2º, X, a. (Incluído pela Emenda Constitucional nº 42, de 19.12.2003)

§ 1º. Do montante de recursos que cabe a cada Estado, setenta e cinco por cento pertencem ao próprio Estado, e vinte e cinco por cento, aos seus Municípios, distribuídos segundo os critérios a que se refere o art. 158, parágrafo único, da Constituição. (Incluído pela Emenda Constitucional nº 42, de 19.12.2003)

§ 2º. A entrega de recursos prevista neste artigo perdurará, conforme definido em lei complementar, até que o imposto a que se refere o art. 155, II, tenha o produto de sua arrecadação destinado predominantemente, em proporção não inferior a oitenta por cento, ao Estado onde ocorrer o consumo das mercadorias, bens ou serviços. (Incluído pela Emenda Constitucional nº 42, de 19.12.2003)

§ 3º. Enquanto não for editada a lei complementar de que trata o *caput*, em substituição ao sistema de entrega de recursos nele previsto, permanecerá vigente o sistema de entrega de recursos previsto no art. 31 e Anexo da Lei Complementar nº 87, de 13 de setembro de 1996, com a redação dada pela Lei Complementar nº 115, de 26 de dezembro de 2002. (Incluído pela Emenda Constitucional nº 42, de 19.12.2003)

§ 4º. Os Estados e o Distrito Federal deverão apresentar à União, nos termos das instruções baixadas pelo Ministério da Fazenda, as informações relativas ao imposto de que trata o art. 155, II, declaradas pelos contribuintes que realizarem operações ou prestações com destino ao exterior. (Incluído pela Emenda Constitucional nº 42, de 19.12.2003)

Receita tributária

Art. 30. Compete aos Municípios:
[...]
III — instituir e arrecadar os tributos de sua competência, bem como aplicar suas rendas, sem prejuízo da obrigatoriedade de prestar contas e publicar balancetes nos prazos fixados em lei;

Art. 37. A administração pública direta [...] obedecerá aos princípios [...] e, também, ao seguinte:
[...]
XXII — as administrações tributárias da União, dos Estados, do Distrito Federal e dos Municípios, atividades essenciais ao funcionamento do Estado, exercidas por servidores de carreiras específicas, terão recursos prioritários para a realização de suas atividades e atuarão de forma integrada, inclusive com o compartilhamento de cadastros e de informações fiscais, na forma da lei ou convênio. (Incluído pela Emenda Constitucional nº 42, de 19.12.2003)

Art. 52. Compete privativamente ao Senado Federal:
[...]
XV — avaliar periodicamente a funcionalidade do Sistema Tributário Nacional, em sua estrutura e seus componentes, e o desempenho das administrações tributárias da União, dos Estados e do Distrito Federal e dos Municípios. (Incluído pela Emenda Constitucional nº 42, de 19.12.2003)

Art. 98. A União, no Distrito Federal e nos Territórios, e os Estados criarão [...]

§ 2º. As custas e emolumentos serão destinados exclusivamente ao custeio dos serviços afetos às atividades específicas da Justiça. (Incluído pela Emenda Constitucional nº 45, de 2004)

Art. 131. A Advocacia-Geral da União é a instituição que, diretamente ou através de órgão vinculado, representa a União, judicial e extrajudicialmente, cabendo-lhe, nos termos da lei complementar que dispuser sobre sua organização e funcionamento, as atividades de consultoria e assessoramento jurídico do Poder Executivo.
[...]
§ 3º. Na execução da dívida ativa de natureza tributária, a representação da União cabe à Procuradoria-Geral da Fazenda Nacional, observado o disposto em lei.

Art. 145. A União, os Estados, o Distrito Federal e os Municípios poderão instituir os seguintes tributos:
I — impostos;
II — taxas, em razão do exercício do poder de polícia ou pela utilização, efetiva ou potencial, de serviços públicos específicos e divisíveis, prestados ao contribuinte ou postos a sua disposição;
III — contribuição de melhoria, decorrente de obras públicas.
§ 1º. Sempre que possível, os impostos terão caráter pessoal e serão graduados segundo a capacidade econômica do contribuinte, facultado à administração tributária, especialmente para conferir efetividade a esses objetivos, identificar, respeitados os direitos individuais e nos termos da lei, o patrimônio, os rendimentos e as atividades econômicas do contribuinte.
§ 2º. As taxas não poderão ter base de cálculo própria de impostos.

Art. 146. Cabe à lei complementar:
I — dispor sobre conflitos de competência, em matéria tributária, entre a União, os Estados, o Distrito Federal e os Municípios;
II — regular as limitações constitucionais ao poder de tributar;

III — estabelecer normas gerais em matéria de legislação tributária, especialmente sobre:

a) definição de tributos e de suas espécies, bem como, em relação aos impostos discriminados nesta Constituição, a dos respectivos fatos geradores, bases de cálculo e contribuintes;

b) obrigação, lançamento, crédito, prescrição e decadência tributários;

c) adequado tratamento tributário ao ato cooperativo praticado pelas sociedades cooperativas.

d) definição de tratamento diferenciado e favorecido para as microempresas e para as empresas de pequeno porte, inclusive regimes especiais ou simplificados no caso do imposto previsto no art. 155, II, das contribuições previstas no art. 195, I e §§ 12 e 13, e da contribuição a que se refere o art. 239. (Incluído pela Emenda Constitucional nº 42, de 19.12.2003)

Parágrafo único. A lei complementar de que trata o inciso III, d, também poderá instituir um regime único de arrecadação dos impostos e contribuições da União, dos Estados, do Distrito Federal e dos Municípios, observado que: (Incluído pela Emenda Constitucional nº 42, de 19.12.2003)

I — será opcional para o contribuinte; (Incluído pela Emenda Constitucional nº 42, de 19.12.2003)

II — poderão ser estabelecidas condições de enquadramento diferenciadas por Estado; (Incluído pela Emenda Constitucional nº 42, de 19.12.2003)

III — o recolhimento será unificado e centralizado e a distribuição da parcela de recursos pertencentes aos respectivos entes federados será imediata, vedada qualquer retenção ou condicionamento; (Incluído pela Emenda Constitucional nº 42, de 19.12.2003)

IV — a arrecadação, a fiscalização e a cobrança poderão ser compartilhadas pelos entes federados, adotado cadastro nacional único de contribuintes. (Incluído pela Emenda Constitucional nº 42, de 19.12.2003)[79]

---

[79] O art. 94 do ADCT previa regime especial até a aprovação da lei complementar. Atualmente, está em vigor a LC nº 123/2006.

Art. 146-A. Lei complementar poderá estabelecer critérios especiais de tributação, com o objetivo de prevenir desequilíbrios da concorrência, sem prejuízo da competência de a União, por lei, estabelecer normas de igual objetivo. (Incluído pela Emenda Constitucional nº 42, de 19.12.2003)

Art. 147. Competem à União, em Território Federal, os impostos estaduais e, se o Território não for dividido em Municípios, cumulativamente, os impostos municipais; ao Distrito Federal cabem os impostos municipais.

Art. 148. A União, mediante lei complementar, poderá instituir empréstimos compulsórios:
I — para atender a despesas extraordinárias, decorrentes de calamidade pública, de guerra externa ou sua iminência;
II — no caso de investimento público de caráter urgente e de relevante interesse nacional, observado o disposto no art. 150, III, "b".
Parágrafo único. A aplicação dos recursos provenientes de empréstimo compulsório será vinculada à despesa que fundamentou sua instituição.

Art. 149. Compete exclusivamente à União instituir contribuições sociais, de intervenção no domínio econômico e de interesse das categorias profissionais ou econômicas, como instrumento de sua atuação nas respectivas áreas, observado o disposto nos arts. 146, III, e 150, I e III, e sem prejuízo do previsto no art. 195, § 6º, relativamente às contribuições a que alude o dispositivo.
§ 1º. Os Estados, o Distrito Federal e os Municípios instituirão contribuição, cobrada de seus servidores, para o custeio, em benefício destes, do regime previdenciário de que trata o art. 40, cuja alíquota não será inferior à da contribuição dos servidores titulares de cargos efetivos da União. (Redação dada pela Emenda Constitucional nº 41, 19.12.2003)
§ 2º. As contribuições sociais e de intervenção no domínio econômico de que trata o *caput* deste artigo: (Incluído pela Emenda Constitucional nº 33, de 2001)

I — não incidirão sobre as receitas decorrentes de exportação; (Incluído pela Emenda Constitucional nº 33, de 2001)
II — incidirão também sobre a importação de produtos estrangeiros ou serviços; (Redação dada pela Emenda Constitucional nº 42, de 19.12.2003)
III — poderão ter alíquotas: (Incluído pela Emenda Constitucional nº 33, de 2001)
a) *ad valorem*, tendo por base o faturamento, a receita bruta ou o valor da operação e, no caso de importação, o valor aduaneiro; (Incluído pela Emenda Constitucional nº 33, de 2001)
b) específica, tendo por base a unidade de medida adotada. (Incluído pela Emenda Constitucional nº 33, de 2001)
§ 3º. A pessoa natural destinatária das operações de importação poderá ser equiparada a pessoa jurídica, na forma da lei. (Incluído pela Emenda Constitucional nº 33, de 2001)
§ 4º. A lei definirá as hipóteses em que as contribuições incidirão uma única vez. (Incluído pela Emenda Constitucional nº 33, de 2001)

Art. 149-A. Os Municípios e o Distrito Federal poderão instituir contribuição, na forma das respectivas leis, para o custeio do serviço de iluminação pública, observado o disposto no art. 150, I e III. (Incluído pela Emenda Constitucional nº 39, de 2002)
Parágrafo único. É facultada a cobrança da contribuição a que se refere o caput, na fatura de consumo de energia elétrica. (Incluído pela Emenda Constitucional nº 39, de 2002)

Art. 150. Sem prejuízo de outras garantias asseguradas ao contribuinte, é vedado à União, aos Estados, ao Distrito Federal e aos Municípios:
I — exigir ou aumentar tributo sem lei que o estabeleça;
II — instituir tratamento desigual entre contribuintes que se encontrem em situação equivalente, proibida qualquer distinção em razão de ocupação profissional ou função por eles exercida, independentemente da denominação jurídica dos rendimentos, títulos ou direitos;

III — cobrar tributos:
a) em relação a fatos geradores ocorridos antes do início da vigência da lei que os houver instituído ou aumentado;
b) no mesmo exercício financeiro em que haja sido publicada a lei que os instituiu ou aumentou;
c) antes de decorridos noventa dias da data em que haja sido publicada a lei que os instituiu ou aumentou, observado o disposto na alínea b; (Incluído pela Emenda Constitucional nº 42, de 19.12.2003)
IV — utilizar tributo com efeito de confisco;
V — estabelecer limitações ao tráfego de pessoas ou bens, por meio de tributos interestaduais ou intermunicipais, ressalvada a cobrança de pedágio pela utilização de vias conservadas pelo Poder Público;
VI — instituir impostos sobre:
a) patrimônio, renda ou serviços, uns dos outros;
b) templos de qualquer culto;
c) patrimônio, renda ou serviços dos partidos políticos, inclusive suas fundações, das entidades sindicais dos trabalhadores, das instituições de educação e de assistência social, sem fins lucrativos, atendidos os requisitos da lei;
d) livros, jornais, periódicos e o papel destinado a sua impressão.
e) fonogramas e videofonogramas musicais produzidos no Brasil contendo obras musicais ou literomusicais de autores brasileiros e/ou obras em geral interpretadas por artistas brasileiros bem como os suportes materiais ou arquivos digitais que os contenham, salvo na etapa de replicação industrial de mídias ópticas de leitura a laser. (Incluída pela Emenda Constitucional nº 75, de 15.10.2013)
§ 1º. A vedação do inciso III, b, não se aplica aos tributos previstos nos arts. 148, I, 153, I, II, IV e V; e 154, II; e a vedação do inciso III, c, não se aplica aos tributos previstos nos arts. 148, I, 153, I, II, III e V; e 154, II, nem à fixação da base de cálculo dos impostos previstos nos arts. 155, III, e 156, I. (Redação dada pela Emenda Constitucional nº 42, de 19.12.2003)

§ 2º. A vedação do inciso VI, "a", é extensiva às autarquias e às fundações instituídas e mantidas pelo Poder Público, no que se refere ao patrimônio, à renda e aos serviços, vinculados a suas finalidades essenciais ou às delas decorrentes.

§ 3º. As vedações do inciso VI, "a", e do parágrafo anterior não se aplicam ao patrimônio, à renda e aos serviços, relacionados com exploração de atividades econômicas regidas pelas normas aplicáveis a empreendimentos privados, ou em que haja contraprestação ou pagamento de preços ou tarifas pelo usuário, nem exonera o promitente comprador da obrigação de pagar imposto relativamente ao bem imóvel.

§ 4º. As vedações expressas no inciso VI, alíneas "b" e "c", compreendem somente o patrimônio, a renda e os serviços, relacionados com as finalidades essenciais das entidades nelas mencionadas.

§ 5º. A lei determinará medidas para que os consumidores sejam esclarecidos acerca dos impostos que incidam sobre mercadorias e serviços.

§ 6º. Qualquer subsídio ou isenção, redução de base de cálculo, concessão de crédito presumido, anistia ou remissão, relativos a impostos, taxas ou contribuições, só poderá ser concedido mediante lei específica, federal, estadual ou municipal, que regule exclusivamente as matérias acima enumeradas ou o correspondente tributo ou contribuição, sem prejuízo do disposto no art. 155, § 2º, XII, g. (Redação dada pela Emenda Constitucional nº 3, de 1993)

§ 7º. A lei poderá atribuir a sujeito passivo de obrigação tributária a condição de responsável pelo pagamento de imposto ou contribuição, cujo fato gerador deva ocorrer posteriormente, assegurada a imediata e preferencial restituição da quantia paga, caso não se realize o fato gerador presumido. (Incluído pela Emenda Constitucional nº 3, de 1993)

Art. 151. É vedado à União:

I — instituir tributo que não seja uniforme em todo o território nacional ou que implique distinção ou preferência em relação a

Estado, ao Distrito Federal ou a Município, em detrimento de outro, admitida a concessão de incentivos fiscais destinados a promover o equilíbrio do desenvolvimento socioeconômico entre as diferentes regiões do País;

II — tributar a renda das obrigações da dívida pública dos Estados, do Distrito Federal e dos Municípios, bem como a remuneração e os proventos dos respectivos agentes públicos, em níveis superiores aos que fixar para suas obrigações e para seus agentes;

III — instituir isenções de tributos da competência dos Estados, do Distrito Federal ou dos Municípios.

Art. 152. É vedado aos Estados, ao Distrito Federal e aos Municípios estabelecer diferença tributária entre bens e serviços, de qualquer natureza, em razão de sua procedência ou destino.

Art. 153. Compete à União instituir impostos sobre:

I — importação de produtos estrangeiros;

II — exportação, para o exterior, de produtos nacionais ou nacionalizados;

III — renda e proventos de qualquer natureza;

IV — produtos industrializados;

V — operações de crédito, câmbio e seguro, ou relativas a títulos ou valores mobiliários;

VI — propriedade territorial rural;

VII — grandes fortunas, nos termos de lei complementar.

§ 1º. É facultado ao Poder Executivo, atendidas as condições e os limites estabelecidos em lei, alterar as alíquotas dos impostos enumerados nos incisos I, II, IV e V.

§ 2º. O imposto previsto no inciso III:

I — será informado pelos critérios da generalidade, da universalidade e da progressividade, na forma da lei;

§ 3º. O imposto previsto no inciso IV:

I — será seletivo, em função da essencialidade do produto;

II — será não cumulativo, compensando-se o que for devido em cada operação com o montante cobrado nas anteriores;

III — não incidirá sobre produtos industrializados destinados ao exterior;

IV — terá reduzido seu impacto sobre a aquisição de bens de capital pelo contribuinte do imposto, na forma da lei. (Incluído pela Emenda Constitucional nº 42, de 19.12.2003)

§ 4º. O imposto previsto no inciso VI do *caput*: (Redação dada pela Emenda Constitucional nº 42, de 19.12.2003)

I — será progressivo e terá suas alíquotas fixadas de forma a desestimular a manutenção de propriedades improdutivas; (Incluído pela Emenda Constitucional nº 42, de 19.12.2003)

II — não incidirá sobre pequenas glebas rurais, definidas em lei, quando as explore o proprietário que não possua outro imóvel; (Incluído pela Emenda Constitucional nº 42, de 19.12.2003)

III — será fiscalizado e cobrado pelos Municípios que assim optarem, na forma da lei, desde que não implique redução do imposto ou qualquer outra forma de renúncia fiscal; (Incluído pela Emenda Constitucional nº 42, de 19.12.2003) (Regulamento)

§ 5º. O ouro, quando definido em lei como ativo financeiro ou instrumento cambial, sujeita-se exclusivamente à incidência do imposto de que trata o inciso V do "caput" deste artigo, devido na operação de origem; a alíquota mínima será de um por cento, assegurada a transferência do montante da arrecadação nos seguintes termos: (Vide Emenda Constitucional nº 3, de 1993)

I — trinta por cento para o Estado, o Distrito Federal ou o Território, conforme a origem;

II — setenta por cento para o Município de origem.

Art. 154. A União poderá instituir:

I — mediante lei complementar, impostos não previstos no artigo anterior, desde que sejam não cumulativos e não tenham fato gerador ou base de cálculo próprios dos discriminados nesta Constituição;

II — na iminência ou no caso de guerra externa, impostos extraordinários, compreendidos ou não em sua competência tributária, os quais serão suprimidos, gradativamente, cessadas as causas de sua criação.

Art. 155. Compete aos Estados e ao Distrito Federal instituir impostos sobre: (Redação dada pela Emenda Constitucional nº 3, de 1993)

I — transmissão causa mortis e doação, de quaisquer bens ou direitos; (Redação dada pela Emenda Constitucional nº 3, de 1993)

II — operações relativas à circulação de mercadorias e sobre prestações de serviços de transporte interestadual e intermunicipal e de comunicação, ainda que as operações e as prestações se iniciem no exterior; (Redação dada pela Emenda Constitucional nº 3, de 1993)

III — propriedade de veículos automotores. (Redação dada pela Emenda Constitucional nº 3, de 1993)

§ 1º. O imposto previsto no inciso I: (Redação dada pela Emenda Constitucional nº 3, de 1993)

I — relativamente a bens imóveis e respectivos direitos, compete ao Estado da situação do bem, ou ao Distrito Federal;

II — relativamente a bens móveis, títulos e créditos, compete ao Estado onde se processar o inventário ou arrolamento, ou tiver domicílio o doador, ou ao Distrito Federal;

III — terá competência para sua instituição regulada por lei complementar:

a) se o doador tiver domicilio ou residência no exterior;

b) se o de cujus possuía bens, era residente ou domiciliado ou teve o seu inventário processado no exterior;

IV — terá suas alíquotas máximas fixadas pelo Senado Federal.

§ 2º. O imposto previsto no inciso II atenderá ao seguinte: (Redação dada pela Emenda Constitucional nº 3, de 1993)

I — será não cumulativo, compensando-se o que for devido em cada operação relativa à circulação de mercadorias ou prestação de serviços com o montante cobrado nas anteriores pelo mesmo ou outro Estado ou pelo Distrito Federal;

II — a isenção ou não incidência, salvo determinação em contrário da legislação:

a) não implicará crédito para compensação com o montante devido nas operações ou prestações seguintes;

b) acarretará a anulação do crédito relativo às operações anteriores;

III — poderá ser seletivo, em função da essencialidade das mercadorias e dos serviços;

IV — resolução do Senado Federal, de iniciativa do Presidente da República ou de um terço dos Senadores, aprovada pela maioria absoluta de seus membros, estabelecerá as alíquotas aplicáveis às operações e prestações, interestaduais e de exportação;

V — é facultado ao Senado Federal:

a) estabelecer alíquotas mínimas nas operações internas, mediante resolução de iniciativa de um terço e aprovada pela maioria absoluta de seus membros;

b) fixar alíquotas máximas nas mesmas operações para resolver conflito específico que envolva interesse de Estados, mediante resolução de iniciativa da maioria absoluta e aprovada por dois terços de seus membros;

VI — salvo deliberação em contrário dos Estados e do Distrito Federal, nos termos do disposto no inciso XII, "g", as alíquotas internas, nas operações relativas à circulação de mercadorias e nas prestações de serviços, não poderão ser inferiores às previstas para as operações interestaduais;

VII — em relação às operações e prestações que destinem bens e serviços a consumidor final localizado em outro Estado, adotar-se-á:

a) a alíquota interestadual, quando o destinatário for contribuinte do imposto;

b) a alíquota interna, quando o destinatário não for contribuinte dele;

VIII — na hipótese da alínea "a" do inciso anterior, caberá ao Estado da localização do destinatário o imposto correspondente à diferença entre a alíquota interna e a interestadual;

IX — incidirá também:

a) sobre a entrada de bem ou mercadoria importados do exterior por pessoa física ou jurídica, ainda que não seja contribuinte habitual do imposto, qualquer que seja a sua finalidade, assim como sobre o serviço prestado no exterior, cabendo o imposto ao Estado onde estiver situado o domicílio ou o estabelecimento do destinatário da mercadoria, bem ou serviço; (Redação dada pela Emenda Constitucional nº 33, de 2001)

b) sobre o valor total da operação, quando mercadorias forem fornecidas com serviços não compreendidos na competência tributária dos Municípios;

X — não incidirá:

a) sobre operações que destinem mercadorias para o exterior, nem sobre serviços prestados a destinatários no exterior, assegurada a manutenção e o aproveitamento do montante do imposto cobrado nas operações e prestações anteriores; (Redação dada pela Emenda Constitucional nº 42, de 19.12.2003)

b) sobre operações que destinem a outros Estados petróleo, inclusive lubrificantes, combustíveis líquidos e gasosos dele derivados, e energia elétrica;

c) sobre o ouro, nas hipóteses definidas no art. 153, § 5º;

d) nas prestações de serviço de comunicação nas modalidades de radiodifusão sonora e de sons e imagens de recepção livre e gratuita; (Incluído pela Emenda Constitucional nº 42, de 19.12.2003)

XI — não compreenderá, em sua base de cálculo, o montante do imposto sobre produtos industrializados, quando a operação, realizada entre contribuintes e relativa a produto destinado à industrialização ou à comercialização, configure fato gerador dos dois impostos;

XII — cabe à lei complementar:

a) definir seus contribuintes;

b) dispor sobre substituição tributária;

c) disciplinar o regime de compensação do imposto;

d) fixar, para efeito de sua cobrança e definição do estabelecimento responsável, o local das operações relativas à circulação de mercadorias e das prestações de serviços;

e) excluir da incidência do imposto, nas exportações para o exterior, serviços e outros produtos além dos mencionados no inciso X, "a";

f) prever casos de manutenção de crédito, relativamente à remessa para outro Estado e exportação para o exterior, de serviços e de mercadorias;

g) regular a forma como, mediante deliberação dos Estados e do Distrito Federal, isenções, incentivos e benefícios fiscais serão concedidos e revogados;

h) definir os combustíveis e lubrificantes sobre os quais o imposto incidirá uma única vez, qualquer que seja a sua finalidade, hipótese em que não se aplicará o disposto no inciso X, *b*; (Incluída pela Emenda Constitucional nº 33, de 2001) (Vide Emenda Constitucional nº 33, de 2001)

i) fixar a base de cálculo, de modo que o montante do imposto a integre, também na importação do exterior de bem, mercadoria ou serviço. (Incluída pela Emenda Constitucional nº 33, de 2001)[80]

§ 3º. À exceção dos impostos de que tratam o inciso II do *caput* deste artigo e o art. 153, I e II, nenhum outro imposto poderá incidir sobre operações relativas a energia elétrica, serviços de telecomunicações, derivados de petróleo, combustíveis e minerais do País. (Redação dada pela Emenda Constitucional nº 33, de 2001)

§ 4º. Na hipótese do inciso XII, *h*, observar-se-á o seguinte: (Incluído pela Emenda Constitucional nº 33, de 2001)

I — nas operações com os lubrificantes e combustíveis derivados de petróleo, o imposto caberá ao Estado onde ocorrer o consumo; (Incluído pela Emenda Constitucional nº 33, de 2001)

II — nas operações interestaduais, entre contribuintes, com gás natural e seus derivados, e lubrificantes e combustíveis não incluídos no inciso I deste parágrafo, o imposto será repartido entre os Estados de origem e de destino, mantendo-se a mesma proporcionalidade que ocorre nas operações com as demais mercadorias; (Incluído pela Emenda Constitucional nº 33, de 2001)

III — nas operações interestaduais com gás natural e seus derivados, e lubrificantes e combustíveis não incluídos no inciso I deste pará-

---

[80] O art. 34, § 8º, do ADCT previa que até a aprovação da lei complementar a matéria seria regulada por convênio interestadual. Foi aprovada a LC nº 87/1996.

grafo, destinadas a não contribuinte, o imposto caberá ao Estado de origem; (Incluído pela Emenda Constitucional nº 33, de 2001)

IV — as alíquotas do imposto serão definidas mediante deliberação dos Estados e Distrito Federal, nos termos do § 2º, XII, g, observando-se o seguinte: (Incluído pela Emenda Constitucional nº 33, de 2001)

a) serão uniformes em todo o território nacional, podendo ser diferenciadas por produto; (Incluído pela Emenda Constitucional nº 33, de 2001)

b) poderão ser específicas, por unidade de medida adotada, ou *ad valorem*, incidindo sobre o valor da operação ou sobre o preço que o produto ou seu similar alcançaria em uma venda em condições de livre concorrência; (Incluído pela Emenda Constitucional nº 33, de 2001)

c) poderão ser reduzidas e restabelecidas, não se lhes aplicando o disposto no art. 150, III, *b*. (Incluído pela Emenda Constitucional nº 33, de 2001)

§ 5º. As regras necessárias à aplicação do disposto no § 4º, inclusive as relativas à apuração e à destinação do imposto, serão estabelecidas mediante deliberação dos Estados e do Distrito Federal, nos termos do § 2º, XII, g. (Incluído pela Emenda Constitucional nº 33, de 2001)

§ 6º. O imposto previsto no inciso III: (Incluído pela Emenda Constitucional nº 42, de 19.12.2003)

I — terá alíquotas mínimas fixadas pelo Senado Federal; (Incluído pela Emenda Constitucional nº 42, de 19.12.2003)

II — poderá ter alíquotas diferenciadas em função do tipo e utilização. (Incluído pela Emenda Constitucional nº 42, de 19.12.2003)

Art. 156. Compete aos Municípios instituir impostos sobre:

I — propriedade predial e territorial urbana;

II — transmissão "inter vivos", a qualquer título, por ato oneroso, de bens imóveis, por natureza ou acessão física, e de direitos reais sobre imóveis, exceto os de garantia, bem como cessão de direitos a sua aquisição;

III — serviços de qualquer natureza, não compreendidos no art. 155, II, definidos em lei complementar. (Redação dada pela Emenda Constitucional nº 3, de 1993)
IV — (Revogado pela Emenda Constitucional nº 3, de 1993)
§ 1º. Sem prejuízo da progressividade no tempo a que se refere o art. 182, § 4º, inciso II, o imposto previsto no inciso I poderá: (Redação dada pela Emenda Constitucional nº 29, de 2000)
I — ser progressivo em razão do valor do imóvel; e (Incluído pela Emenda Constitucional nº 29, de 2000)
II — ter alíquotas diferentes de acordo com a localização e o uso do imóvel. (Incluído pela Emenda Constitucional nº 29, de 2000)
§ 2º. O imposto previsto no inciso II:
I — não incide sobre a transmissão de bens ou direitos incorporados ao patrimônio de pessoa jurídica em realização de capital, nem sobre a transmissão de bens ou direitos decorrente de fusão, incorporação, cisão ou extinção de pessoa jurídica, salvo se, nesses casos, a atividade preponderante do adquirente for a compra e venda desses bens ou direitos, locação de bens imóveis ou arrendamento mercantil;
II — compete ao Município da situação do bem.
§ 3º. Em relação ao imposto previsto no inciso III do *caput* deste artigo, cabe à lei complementar: (Redação dada pela Emenda Constitucional nº 37, de 2002)
I — fixar as suas alíquotas máximas e mínimas; (Redação dada pela Emenda Constitucional nº 37, de 2002)
II — excluir da sua incidência exportações de serviços para o exterior. (Incluído pela Emenda Constitucional nº 3, de 1993)
III — regular a forma e as condições como isenções, incentivos e benefícios fiscais serão concedidos e revogados. (Incluído pela Emenda Constitucional nº 3, de 1993)
§ 4º. (Revogado pela Emenda Constitucional nº 3, de 1993)[81]

Art. 157. Pertencem aos Estados e ao Distrito Federal:
I — o produto da arrecadação do imposto da União sobre renda e proventos de qualquer natureza, incidente na fonte, sobre rendi-

---

[81] O art. 88 do ADCT estabeleceu valores para estas alíquotas do ISS.

mentos pagos, a qualquer título, por eles, suas autarquias e pelas fundações que instituírem e mantiverem;
II — vinte por cento do produto da arrecadação do imposto que a União instituir no exercício da competência que lhe é atribuída pelo art. 154, I.

Art. 158. Pertencem aos Municípios:
I — o produto da arrecadação do imposto da União sobre renda e proventos de qualquer natureza, incidente na fonte, sobre rendimentos pagos, a qualquer título, por eles, suas autarquias e pelas fundações que instituírem e mantiverem;
II — cinquenta por cento do produto da arrecadação do imposto da União sobre a propriedade territorial rural, relativamente aos imóveis neles situados, cabendo a totalidade na hipótese da opção a que se refere o art. 153, § 4º, III; (Redação dada pela Emenda Constitucional nº 42, de 19.12.2003)
III — cinquenta por cento do produto da arrecadação do imposto do Estado sobre a propriedade de veículos automotores licenciados em seus territórios;
IV — vinte e cinco por cento do produto da arrecadação do imposto do Estado sobre operações relativas à circulação de mercadorias e sobre prestações de serviços de transporte interestadual e intermunicipal e de comunicação.
Parágrafo único. As parcelas de receita pertencentes aos Municípios, mencionadas no inciso IV, serão creditadas conforme os seguintes critérios:
I — três quartos, no mínimo, na proporção do valor adicionado nas operações relativas à circulação de mercadorias e nas prestações de serviços, realizadas em seus territórios;
II — até um quarto, de acordo com o que dispuser lei estadual ou, no caso dos Territórios, lei federal.

Art. 159. A União entregará: (Vide Emenda Constitucional nº 55, de 2007)
I — do produto da arrecadação dos impostos sobre renda e proventos de qualquer natureza e sobre produtos industrializados,

49% (quarenta e nove por cento), na seguinte forma: (Redação dada pela Emenda Constitucional nº 84, de 2014):

a) vinte e um inteiros e cinco décimos por cento ao Fundo de Participação dos Estados e do Distrito Federal;

b) vinte e dois inteiros e cinco décimos por cento ao Fundo de Participação dos Municípios;

c) três por cento, para aplicação em programas de financiamento ao setor produtivo das Regiões Norte, Nordeste e Centro-Oeste, através de suas instituições financeiras de caráter regional, de acordo com os planos regionais de desenvolvimento, ficando assegurada ao semiárido do Nordeste a metade dos recursos destinados à Região, na forma que a lei estabelecer;

d) um por cento ao Fundo de Participação dos Municípios, que será entregue no primeiro decêndio do mês de dezembro de cada ano; (Incluído pela Emenda Constitucional nº 55, de 2007)

e) 1% (um por cento) ao Fundo de Participação dos Municípios, que será entregue no primeiro decêndio do mês de julho de cada ano; (Redação dada pela Emenda Constitucional nº 84, de 2014)

II — do produto da arrecadação do imposto sobre produtos industrializados, dez por cento aos Estados e ao Distrito Federal, proporcionalmente ao valor das respectivas exportações de produtos industrializados;

III — do produto da arrecadação da contribuição de intervenção no domínio econômico prevista no art. 177, § 4º, 29% (vinte e nove por cento) para os Estados e o Distrito Federal, distribuídos na forma da lei, observada a destinação a que se refere o inciso II, *c*, do referido parágrafo. (Redação dada pela Emenda Constitucional nº 44, de 2004)

§ 1º. Para efeito de cálculo da entrega a ser efetuada de acordo com o previsto no inciso I, excluir-se-á a parcela da arrecadação do imposto de renda e proventos de qualquer natureza pertencente aos Estados, ao Distrito Federal e aos Municípios, nos termos do disposto nos arts. 157, I, e 158, I.

§ 2º. A nenhuma unidade federada poderá ser destinada parcela superior a vinte por cento do montante a que se refere o inciso

II, devendo o eventual excedente ser distribuído entre os demais participantes, mantido, em relação a esses, o critério de partilha nele estabelecido.

§ 3º. Os Estados entregarão aos respectivos Municípios vinte e cinco por cento dos recursos que receberem nos termos do inciso II, observados os critérios estabelecidos no art. 158, parágrafo único, I e II.

§ 4º. Do montante de recursos de que trata o inciso III que cabe a cada Estado, vinte e cinco por cento serão destinados aos seus Municípios, na forma da lei a que se refere o mencionado inciso. (Incluído pela Emenda Constitucional nº 42, de 19.12.2003)

Art. 160. É vedada a retenção ou qualquer restrição à entrega e ao emprego dos recursos atribuídos, nesta seção, aos Estados, ao Distrito Federal e aos Municípios, neles compreendidos adicionais e acréscimos relativos a impostos.

Parágrafo único. A vedação prevista neste artigo não impede a União e os Estados de condicionarem a entrega de recursos: (Redação dada pela Emenda Constitucional nº 29, de 2000)

I — ao pagamento de seus créditos, inclusive de suas autarquias; (Incluído pela Emenda Constitucional nº 29, de 2000)

II — ao cumprimento do disposto no art. 198, § 2º, incisos II e III. (Incluído pela Emenda Constitucional nº 29, de 2000)

Art. 161. Cabe à lei complementar:

I — definir valor adicionado para fins do disposto no art. 158, parágrafo único, I;

II — estabelecer normas sobre a entrega dos recursos de que trata o art. 159, especialmente sobre os critérios de rateio dos fundos previstos em seu inciso I, objetivando promover o equilíbrio socioeconômico entre Estados e entre Municípios;[82]

---

[82] O art. 34 do ADCT estabeleceu critérios até a aprovação de lei complementar. Foram aprovadas a LC nº 62/1989 e a LC nº 143/2013.

III — dispor sobre o acompanhamento, pelos beneficiários, do cálculo das quotas e da liberação das participações previstas nos arts. 157, 158 e 159.
Parágrafo único. O Tribunal de Contas da União efetuará o cálculo das quotas referentes aos fundos de participação a que alude o inciso II.

Art. 162. A União, os Estados, o Distrito Federal e os Municípios divulgarão, até o último dia do mês subsequente ao da arrecadação, os montantes de cada um dos tributos arrecadados, os recursos recebidos, os valores de origem tributária entregues e a entregar e a expressão numérica dos critérios de rateio.
Parágrafo único. Os dados divulgados pela União serão discriminados por Estado e por Município; os dos Estados, por Município.

Art. 173. Ressalvados os casos previstos nesta Constituição, a exploração direta de atividade econômica pelo Estado só será permitida quando necessária aos imperativos da segurança nacional ou a relevante interesse coletivo, conforme definidos em lei.
[...]
§ 2º. As empresas públicas e as sociedades de economia mista não poderão gozar de *privilégios fiscais não extensivos às do setor privado* [grifo nosso].

Art. 177. Constituem monopólio da União:
I — a pesquisa e a lavra das jazidas de petróleo e gás natural e outros hidrocarbonetos fluidos;
[...]
§ 4º. A lei que instituir *contribuição de intervenção no domínio econômico* relativa às atividades de importação ou comercialização de petróleo e seus derivados, gás natural e seus derivados e álcool combustível deverá atender aos seguintes requisitos: (Incluído pela Emenda Constitucional nº 33, de 2001) [grifo nosso]
I — a alíquota da contribuição poderá ser: (Incluído pela Emenda Constitucional nº 33, de 2001)

a) diferenciada por produto ou uso; (Incluído pela Emenda Constitucional nº 33, de 2001)
b) reduzida e restabelecida por ato do Poder Executivo, não se lhe aplicando o disposto no art. 150, III, *b*; (Incluído pela Emenda Constitucional nº 33, de 2001)
II — os recursos arrecadados serão destinados: (Incluído pela Emenda Constitucional nº 33, de 2001)
a) ao pagamento de subsídios a preços ou transporte de álcool combustível, gás natural e seus derivados e derivados de petróleo; (Incluído pela Emenda Constitucional nº 33, de 2001)
b) ao financiamento de projetos ambientais relacionados com a indústria do petróleo e do gás; (Incluído pela Emenda Constitucional nº 33, de 2001)
c) ao financiamento de programas de infraestrutura de transportes. (Incluído pela Emenda Constitucional nº 33, de 2001)

Art. 182. A política de desenvolvimento urbano, executada pelo Poder Público municipal, [...]
§ 4º. É facultado ao Poder Público municipal, mediante lei específica para área incluída no plano diretor, exigir, nos termos da lei federal, do proprietário do solo urbano não edificado, subutilizado ou não utilizado, que promova seu adequado aproveitamento, sob pena, sucessivamente, de:
[...]
II — imposto sobre a propriedade predial e territorial urbana progressivo no tempo [grifo nosso];

Art. 184. Compete à União desapropriar [...]
[...]
§ 5º. São *isentas de impostos* federais, estaduais e municipais as operações de transferência de imóveis desapropriados para fins de reforma agrária [grifo nosso].

Art. 195. A seguridade social será financiada por toda a sociedade, de forma direta e indireta, nos termos da lei, mediante recursos provenientes dos orçamentos da União, dos Estados, do Distrito Federal e dos Municípios, e das seguintes contribuições sociais:

I — do empregador, da empresa e da entidade a ela equiparada na forma da lei, incidentes sobre: (Redação dada pela Emenda Constitucional nº 20, de 1998)

a) a folha de salários e demais rendimentos do trabalho pagos ou creditados, a qualquer título, à pessoa física que lhe preste serviço, mesmo sem vínculo empregatício; (Incluído pela Emenda Constitucional nº 20, de 1998)

b) a receita ou o faturamento; (Incluído pela Emenda Constitucional nº 20, de 1998)[83]

c) o lucro; (Incluído pela Emenda Constitucional nº 20, de 1998)

II — do trabalhador e dos demais segurados da previdência social, não incidindo contribuição sobre aposentadoria e pensão concedidas pelo regime geral de previdência social de que trata o art. 201; (Redação dada pela Emenda Constitucional nº 20, de 1998)

III — sobre a receita de concursos de prognósticos.

IV — do importador de bens ou serviços do exterior, ou de quem a lei a ele equiparar. (Incluído pela Emenda Constitucional nº 42, de 19.12.2003)

§ 3º. A pessoa jurídica em débito com o sistema da seguridade social, como estabelecido em lei, *não poderá contratar* com o Poder Público nem dele receber benefícios ou incentivos fiscais ou creditícios [grifo nosso].

§ 4º. A lei poderá instituir outras fontes destinadas a garantir a manutenção ou expansão da seguridade social, obedecido o disposto no art. 154, I.

[...]

§ 6º. As contribuições sociais de que trata este artigo só poderão ser exigidas *após decorridos noventa dias* da data da publicação da lei que as houver instituído ou modificado, *não se lhes aplicando* o disposto no art. 150, III, "b" [grifos nossos].

---

[83] O art. 56 do ADCT, de vigência temporária, até a aprovação de lei complementar, manteve o pagamento da contribuição para o Finsocial.

§ 7º. São *isentas* de contribuição para a seguridade social as entidades beneficentes de assistência social que atendam às exigências estabelecidas em lei [grifo nosso].

§ 8º. O produtor, o parceiro, o meeiro e o arrendatário rurais e o pescador artesanal, bem como os respectivos cônjuges, que exerçam suas atividades em regime de economia familiar, sem empregados permanentes, contribuirão para a seguridade social mediante a aplicação de uma alíquota sobre o resultado da comercialização da produção e farão jus aos benefícios nos termos da lei. (Redação dada pela Emenda Constitucional nº 20, de 1998)

§ 9º. As contribuições sociais previstas no inciso I do caput deste artigo poderão ter alíquotas ou bases de cálculo diferenciadas, em razão da atividade econômica, da utilização intensiva de mão de obra, do porte da empresa ou da condição estrutural do mercado de trabalho. (Redação dada pela Emenda Constitucional nº 47, de 2005)

[...]

§ 11. É vedada a concessão de remissão ou anistia das contribuições sociais de que tratam os incisos I, a, e II deste artigo, para débitos em montante superior ao fixado em lei complementar. (Incluído pela Emenda Constitucional nº 20, de 1998)

§ 12. A lei definirá os setores de atividade econômica para os quais as contribuições incidentes na forma dos incisos I, b; e IV do *caput, serão não cumulativas.* (Incluído pela Emenda Constitucional nº 42, de 19.12.2003) [grifo nosso]

§ 13. Aplica-se o disposto no § 12 inclusive na hipótese de substituição gradual, total ou parcial, da contribuição incidente na forma do inciso I, a, pela incidente sobre a receita ou o faturamento. (Incluído pela Emenda Constitucional nº 42, de 19.12.2003)

Art. 227. É dever da família, da sociedade e do Estado assegurar à criança, ao adolescente e ao jovem [...]

§ 1º. O Estado promoverá programas de assistência integral à saúde da criança [...] e obedecendo aos seguintes preceitos: (Redação dada pela Emenda Constitucional nº 65, de 2010)

[...]
VI — estímulo do Poder Público, através de assistência jurídica, *incentivos fiscais* e subsídios, nos termos da lei, ao acolhimento, sob a forma de guarda, de criança ou adolescente órfão ou abandonado [grifo nosso];

Art. 237. A fiscalização e o controle sobre o comércio exterior, essenciais à defesa dos interesses *fazendários* nacionais, serão exercidos pelo Ministério da Fazenda [grifo nosso].

Art. 239. A arrecadação decorrente das *contribuições* para o Programa de Integração Social, criado pela Lei Complementar n° 7, de 7 de setembro de 1970, e para o Programa de Formação do Patrimônio do Servidor Público, criado pela Lei Complementar n° 8, de 3 de dezembro de 1970, passa, a partir da promulgação desta Constituição, a financiar, nos termos que a lei dispuser, o programa do seguro-desemprego e o abono de que trata o § 3º deste artigo. (Regulamento) [grifo nosso]

§ 1º. Dos recursos mencionados no "caput" deste artigo, pelo menos quarenta por cento serão destinados a financiar programas de desenvolvimento econômico, através do Banco Nacional de Desenvolvimento Econômico e Social, com critérios de remuneração que lhes preservem o valor.

§ 2º. Os patrimônios acumulados do Programa de Integração Social e do Programa de Formação do Patrimônio do Servidor Público são preservados, mantendo-se os critérios de saque nas situações previstas nas leis específicas, com exceção da retirada por motivo de casamento, ficando vedada a distribuição da arrecadação de que trata o "caput" deste artigo, para depósito nas contas individuais dos participantes.

§ 3º. Aos empregados que percebam de empregadores que contribuem para o Programa de Integração Social ou para o Programa de Formação do Patrimônio do Servidor Público, até dois salários mínimos de remuneração mensal, é assegurado o pagamento de um salário mínimo anual, computado neste valor o rendimento das contas individuais, no caso daqueles que já participavam dos referidos programas, até a data da promulgação desta Constituição.

§ 4º. O financiamento do seguro-desemprego receberá uma *contribuição adicional* da empresa cujo índice de rotatividade da força de trabalho superar o índice médio da rotatividade do setor, na forma estabelecida por lei [grifo nosso].

Art. 240. Ficam ressalvadas do disposto no art. 195 as atuais contribuições compulsórias dos empregadores sobre a folha de salários, destinadas às entidades privadas de serviço social e de formação profissional vinculadas ao sistema sindical.

Art. 40 do ADCT. É mantida a Zona Franca de Manaus, com suas características de área livre de comércio, de exportação e importação, e de incentivos fiscais, pelo prazo de vinte e cinco anos, a partir da promulgação da Constituição.[84]

Parágrafo único. Somente por lei federal podem ser modificados os critérios que disciplinaram ou venham a disciplinar a aprovação dos projetos na Zona Franca de Manaus.

Art. 88 do ADCT. Enquanto lei complementar não disciplinar o disposto nos incisos I e III do § 3º do art. 156 da Constituição Federal, o imposto a que se refere o inciso III do caput do mesmo artigo: (Incluído pela Emenda Constitucional nº 37, de 2002)

I — terá alíquota mínima de dois por cento, exceto para os serviços a que se referem os itens 32, 33 e 34 da Lista de Serviços anexa ao Decreto-Lei nº 406, de 31 de dezembro de 1968; (Incluído pela Emenda Constitucional nº 37, de 2002)

II — não será objeto de concessão de isenções, incentivos e benefícios fiscais, que resulte, direta ou indiretamente, na redução da alíquota mínima estabelecida no inciso I. (Incluído pela Emenda Constitucional nº 37, de 2002)

---

[84] O art. 92 do ADCT (adiante transcrito) prorrogou esse prazo por mais 10 anos.

Art. 92 do ADCT. São acrescidos dez anos ao prazo fixado no art. 40 deste Ato das Disposições Constitucionais Transitórias. (Incluído pela Emenda Constitucional nº 42, de 19.12.2003)

Art. 93 do ADCT. A vigência do disposto no art. 159, III, e § 4º, iniciará somente após a edição da lei de que trata o referido inciso III. (Incluído pela Emenda Constitucional nº 42, de 19.12.2003)[85]

Receita não tributária

Art. 20. São bens da União:
I — [...]
§ 1º. É assegurada, nos termos da lei, aos Estados, ao Distrito Federal e aos Municípios, bem como a órgãos da administração direta da União, participação no resultado da exploração de petróleo ou gás natural, de recursos hídricos para fins de geração de energia elétrica e de outros recursos minerais no respectivo território, plataforma continental, mar territorial ou zona econômica exclusiva, ou compensação financeira por essa exploração.

Art. 176. As jazidas, em lavra ou não, e demais recursos minerais e os potenciais de energia hidráulica constituem propriedade distinta da do solo, para efeito de exploração ou aproveitamento, e pertencem à União, garantida ao concessionário a propriedade do produto da lavra.
§ 1º. A pesquisa e a lavra de recursos minerais e o aproveitamento dos potenciais a que se refere o "caput" deste artigo somente poderão ser efetuados mediante autorização ou concessão da União, no interesse nacional, por brasileiros ou empresa constituída sob as leis brasileiras e que tenha sua sede e administração no País, na forma da lei, que estabelecerá as condições específicas quando essas atividades se desenvolverem em faixa de fronteira ou terras

---

[85] Aprovada a Lei nº 10.886/2004.

indígenas. (Redação dada pela Emenda Constitucional nº 6, de 1995)

§ 2º. É assegurada participação ao proprietário do solo nos resultados da lavra, na forma e no valor que dispuser a lei.

Art. 236. Os serviços notariais e de registro são exercidos em caráter privado, por delegação do Poder Público. (Regulamento)
[...]
§ 2º. Lei federal estabelecerá normas gerais para fixação de *emolumentos* relativos aos atos praticados pelos serviços notariais e de registro [grifo nosso].

Art. 49 do ADCT. A lei disporá sobre o instituto da enfiteuse em imóveis urbanos, sendo facultada aos foreiros, no caso de sua extinção, a remição dos aforamentos mediante aquisição do domínio direto, na conformidade do que dispuserem os respectivos contratos.
§ 1º. Quando não existir cláusula contratual, serão adotados os critérios e bases hoje vigentes na legislação especial dos imóveis da União.
§ 2º. Os direitos dos atuais ocupantes inscritos ficam assegurados pela aplicação de outra modalidade de contrato.
§ 3º. A enfiteuse continuará sendo aplicada aos terrenos de marinha e seus acrescidos, situados na faixa de segurança, a partir da orla marítima.
§ 4º. Remido o foro, o antigo titular do domínio direto deverá, no prazo de noventa dias, sob pena de responsabilidade, confiar à guarda do registro de imóveis competente toda a documentação a ele relativa.

Empréstimos públicos

Art. 52. Compete privativamente ao Senado Federal:
[...]

V — autorizar operações externas de natureza financeira, de interesse da União, dos Estados, do Distrito Federal, dos Territórios e dos Municípios;
VI — fixar, por proposta do Presidente da República, limites globais para o montante da dívida consolidada da União, dos Estados, do Distrito Federal e dos Municípios;
VII — dispor sobre limites globais e condições para as operações de crédito externo e interno da União, dos Estados, do Distrito Federal e dos Municípios, de suas autarquias e demais entidades controladas pelo Poder Público federal;
VIII — dispor sobre limites e condições para a concessão de garantia da União em operações de crédito externo e interno;
IX — estabelecer limites globais e condições para o montante da dívida mobiliária dos Estados, do Distrito Federal e dos Municípios;

Art. 182. A política de desenvolvimento urbano [...]
[...]
§ 4º. É facultado ao Poder Público municipal, mediante lei específica para área incluída no plano diretor, exigir, nos termos da lei federal, do proprietário do solo urbano não edificado, subutilizado ou não utilizado, que promova seu adequado aproveitamento, sob pena, sucessivamente, de:
[...]
III — desapropriação com pagamento mediante *títulos da dívida pública* de emissão previamente aprovada pelo Senado Federal, com prazo de resgate de até dez anos, em parcelas anuais, iguais e sucessivas, assegurados o valor real da indenização e os juros legais [grifo nosso].

Art. 184. Compete à União desapropriar por interesse social, para fins de reforma agrária, o imóvel rural que não esteja cumprindo sua função social, mediante prévia e justa indenização em *títulos da dívida agrária*, com cláusula de preservação do valor real, resgatáveis no prazo de até vinte anos, a partir do segundo ano de sua emissão, e cuja utilização será definida em lei [grifo nosso].

[...]

§ 4º. O orçamento fixará anualmente o volume total de títulos da dívida agrária, assim como o montante de recursos para atender ao programa de reforma agrária no exercício.

[...]

Orçamento público

Art. 99. Ao Poder Judiciário é assegurada autonomia administrativa e financeira.

§ 1º. Os tribunais elaborarão suas *propostas orçamentárias* dentro dos limites estipulados conjuntamente com os demais Poderes na lei de diretrizes orçamentárias [grifo nosso].

§ 2º. O encaminhamento da proposta, ouvidos os outros tribunais interessados, compete:

I — no âmbito da União, aos Presidentes do Supremo Tribunal Federal e dos Tribunais Superiores, com a aprovação dos respectivos tribunais;

II — no âmbito dos Estados e no do Distrito Federal e Territórios, aos Presidentes dos Tribunais de Justiça, com a aprovação dos respectivos tribunais.

§ 3º. Se os órgãos referidos no § 2º não encaminharem as respectivas propostas orçamentárias dentro do prazo estabelecido na lei de diretrizes orçamentárias, o Poder Executivo considerará, para fins de consolidação da proposta orçamentária anual, os valores aprovados na lei orçamentária vigente, ajustados de acordo com os limites estipulados na forma do § 1º deste artigo. (Incluído pela Emenda Constitucional nº 45, de 2004)

§ 4º. Se as propostas orçamentárias de que trata este artigo forem encaminhadas em desacordo com os limites estipulados na forma do § 1º, o Poder Executivo procederá aos ajustes necessários para fins de consolidação da proposta orçamentária anual. (Incluído pela Emenda Constitucional nº 45, de 2004)

§ 5º. Durante a *execução orçamentária* do exercício, não poderá haver a realização de despesas ou a assunção de obrigações que extrapolem os limites estabelecidos na lei de diretrizes orçamentárias, exceto se previamente autorizadas, mediante a abertura de créditos suplementares ou espcciais. (Incluído pela Emenda Constitucional nº 45, de 2004) [grifo nosso]

Art. 84. Compete privativamente ao Presidente da República:
[...]
XXIII — enviar ao Congresso Nacional o plano plurianual, o projeto de lei de diretrizes orçamentárias e as propostas de orçamento previstos nesta Constituição [grifo nosso];

Art. 127. O Ministério Público é instituição permanente, essencial à função jurisdicional do Estado, incumbindo-lhe a defesa da ordem jurídica, do regime democrático e dos interesses sociais e individuais indisponíveis.
[...]
§ 2º. Ao Ministério Público é assegurada autonomia funcional e administrativa, podendo, observado o disposto no art. 169, propor ao Poder Legislativo a criação e extinção de seus cargos e serviços auxiliares, provendo-os por concurso público de provas ou de provas e títulos, a política remuneratória e os planos de carreira; a lei disporá sobre sua organização e funcionamento. (Redação dada pela Emenda Constitucional nº 19, de 1998)
§ 3º. O Ministério Público elaborará sua *proposta orçamentária* dentro dos limites estabelecidos na lei de diretrizes orçamentárias [grifo nosso].
§ 4º Se o Ministério Público não encaminhar a respectiva proposta orçamentária dentro do prazo estabelecido na lei de diretrizes orçamentárias, o Poder Executivo considerará, para fins de consolidação da proposta orçamentária anual, os valores aprovados na lei orçamentária vigente, ajustados de acordo com os limites estipulados na forma do § 3º. (Incluído pela Emenda Constitucional nº 45, de 2004)
§ 5º. Se a proposta orçamentária de que trata este artigo for encaminhada em desacordo com os limites estipulados na forma do

§ 3º, o Poder Executivo procederá aos ajustes necessários para fins de consolidação da proposta orçamentária anual. (Incluído pela Emenda Constitucional nº 45, de 2004)

§ 6º. Durante a execução orçamentária do exercício, não poderá haver a realização de despesas ou a assunção de obrigações que extrapolem os limites estabelecidos na lei de diretrizes orçamentárias, exceto se previamente autorizadas, mediante a abertura de créditos suplementares ou especiais. (Incluído pela Emenda Constitucional nº 45, de 2004)

Art. 134. A Defensoria Pública é instituição permanente, essencial à função jurisdicional do Estado, incumbindo-lhe, como expressão e instrumento do regime democrático, fundamentalmente, a orientação jurídica, a promoção dos direitos humanos e a defesa, em todos os graus, judicial e extrajudicial, dos direitos individuais e coletivos, de forma integral e gratuita, aos necessitados, na forma do inciso LXXIV do art. 5º desta Constituição Federal. (Redação dada pela Emenda Constitucional nº 80, de 2014)

[...]

§ 2º. Às Defensorias Públicas Estaduais são asseguradas autonomia funcional e administrativa e a iniciativa de sua *proposta orçamentária* dentro dos limites estabelecidos na lei de diretrizes orçamentárias e subordinação ao disposto no art. 99, § 2º. (Incluído pela Emenda Constitucional nº 45, de 2004) [grifo nosso]

Art. 165. Leis de iniciativa do Poder Executivo estabelecerão:
I — o plano plurianual;
II — as diretrizes orçamentárias;
III — os orçamentos anuais.

§ 1º. A lei que instituir o plano plurianual estabelecerá, de forma regionalizada, as diretrizes, objetivos e metas da administração pública federal para as despesas de capital e outras delas decorrentes e para as relativas aos programas de duração continuada.

§ 2º. A lei de diretrizes orçamentárias compreenderá as metas e prioridades da administração pública federal, incluindo as despesas de capital para o exercício financeiro subsequente, orientará a elaboração da lei orçamentária anual, disporá sobre as alterações na legislação tributária e estabelecerá a política de aplicação das agências financeiras oficiais de fomento.

§ 3º. O Poder Executivo publicará, até trinta dias após o encerramento de cada bimestre, relatório resumido da execução orçamentária.

§ 4º. Os planos e programas nacionais, regionais e setoriais previstos nesta Constituição serão elaborados em consonância com o plano plurianual e apreciados pelo Congresso Nacional.

§ 5º. A lei orçamentária anual compreenderá:

I — o orçamento fiscal referente aos Poderes da União, seus fundos, órgãos e entidades da administração direta e indireta, inclusive fundações instituídas e mantidas pelo Poder Público;

II — o orçamento de investimento das empresas em que a União, direta ou indiretamente, detenha a maioria do capital social com direito a voto;

III — o orçamento da seguridade social, abrangendo todas as entidades e órgãos a ela vinculados, da administração direta ou indireta, bem como os fundos e fundações instituídos e mantidos pelo Poder Público.

§ 6º. O projeto de lei orçamentária será acompanhado de demonstrativo regionalizado do efeito, sobre as receitas e despesas, decorrente de isenções, anistias, remissões, subsídios e benefícios de natureza financeira, tributária e creditícia.

§ 7º. Os orçamentos previstos no § 5º, I e II, deste artigo, compatibilizados com o plano plurianual, terão entre suas funções a de reduzir desigualdades inter-regionais, segundo critério populacional.[86]

§ 8º. A lei orçamentária anual não conterá dispositivo estranho à previsão da receita e à fixação da despesa, não se incluindo na proibição a autorização para abertura de créditos suplementares e

---

[86] O art. 35 do ADCT fixou normas para atender a esse objetivo, a vigorarem até 1998.

contratação de operações de crédito, ainda que por antecipação de receita, nos termos da lei.

Art. 166. Os projetos de lei relativos ao plano plurianual, às diretrizes orçamentárias, ao orçamento anual e aos créditos adicionais serão apreciados pelas duas Casas do Congresso Nacional, na forma do regimento comum.

§ 1º. Caberá a uma Comissão mista permanente de Senadores e Deputados:

I — examinar e emitir parecer sobre os projetos referidos neste artigo e sobre as contas apresentadas anualmente pelo Presidente da República;

II — examinar e emitir parecer sobre os planos e programas nacionais, regionais e setoriais previstos nesta Constituição e exercer o acompanhamento e a fiscalização orçamentária, sem prejuízo da atuação das demais comissões do Congresso Nacional e de suas Casas, criadas de acordo com o art. 58.

§ 2º. As emendas serão apresentadas na Comissão mista, que sobre elas emitirá parecer, e apreciadas, na forma regimental, pelo Plenário das duas Casas do Congresso Nacional.

§ 3º. As emendas ao projeto de lei do orçamento anual ou aos projetos que o modifiquem somente podem ser aprovadas caso:

I — sejam compatíveis com o plano plurianual e com a lei de diretrizes orçamentárias;

II — indiquem os recursos necessários, admitidos apenas os provenientes de anulação de despesa, excluídas as que incidam sobre:

a) dotações para pessoal e seus encargos;

b) serviço da dívida;

c) transferências tributárias constitucionais para Estados, Municípios e Distrito Federal; ou

III — sejam relacionadas:

a) com a correção de erros ou omissões; ou

b) com os dispositivos do texto do projeto de lei.

§ 4º. As emendas ao projeto de lei de diretrizes orçamentárias não poderão ser aprovadas quando incompatíveis com o plano plurianual.

§ 5º. O Presidente da República poderá enviar mensagem ao Congresso Nacional para propor modificação nos projetos a que se refere este artigo enquanto não iniciada a votação, na Comissão mista, da parte cuja alteração é proposta.

§ 6º. Os projetos de lei do plano plurianual, das diretrizes orçamentárias e do orçamento anual serão enviados pelo Presidente da República ao Congresso Nacional, nos termos da lei complementar a que se refere o art. 165, § 9º.

§ 7º. Aplicam-se aos projetos mencionados neste artigo, no que não contrariar o disposto nesta seção, as demais normas relativas ao processo legislativo.

§ 8º. Os recursos que, em decorrência de veto, emenda ou rejeição do projeto de lei orçamentária anual, ficarem sem despesas correspondentes poderão ser utilizados, conforme o caso, mediante créditos especiais ou suplementares, com prévia e específica autorização legislativa.

Art. 167. São vedados:
I — o início de programas ou projetos não incluídos na lei orçamentária anual;
II — a realização de despesas ou a assunção de obrigações diretas que excedam os créditos orçamentários ou adicionais;
III — a realização de operações de créditos que excedam o montante das despesas de capital, ressalvadas as autorizadas mediante créditos suplementares ou especiais com finalidade precisa, aprovados pelo Poder Legislativo por maioria absoluta;
IV — a vinculação de receita de impostos a órgão, fundo ou despesa, ressalvadas a repartição do produto da arrecadação dos impostos a que se referem os arts. 158 e 159, a destinação de recursos para as ações e serviços públicos de saúde, para manutenção e desenvolvimento do ensino e para realização de atividades da administração tributária, como determinado, respectivamente, pelos arts. 198, § 2º, 212 e 37, XXII, e a prestação de garantias às operações de crédito por antecipação de receita, previstas no art. 165, § 8º, bem como o disposto no § 4º deste artigo; (Redação dada pela Emenda Constitucional nº 42, de 19.12.2003)

V — a abertura de crédito suplementar ou especial sem prévia autorização legislativa e sem indicação dos recursos correspondentes;
VI — a transposição, o remanejamento ou a transferência de recursos de uma categoria de programação para outra ou de um órgão para outro, sem prévia autorização legislativa;
VII — a concessão ou utilização de créditos ilimitados;
VIII — a utilização, sem autorização legislativa específica, de recursos dos orçamentos fiscal e da seguridade social para suprir necessidade ou cobrir déficit de empresas, fundações e fundos, inclusive dos mencionados no art. 165, § 5º;
IX — a instituição de fundos de qualquer natureza, sem prévia autorização legislativa;
X — a transferência voluntária de recursos e a concessão de empréstimos, inclusive por antecipação de receita, pelos Governos Federal e Estaduais e suas instituições financeiras, para pagamento de despesas com pessoal ativo, inativo e pensionista, dos Estados, do Distrito Federal e dos Municípios. (Incluído pela Emenda Constitucional nº 19, de 1998)
XI — a utilização dos recursos provenientes das contribuições sociais de que trata o art. 195, I, a, e II, para a realização de despesas distintas do pagamento de benefícios do regime geral de previdência social de que trata o art. 201. (Incluído pela Emenda Constitucional nº 20, de 1998)
§ 1º. Nenhum investimento cuja execução ultrapasse um exercício financeiro poderá ser iniciado sem prévia inclusão no plano plurianual, ou sem lei que autorize a inclusão, sob pena de crime de responsabilidade.
§ 2º. Os créditos especiais e extraordinários terão vigência no exercício financeiro em que forem autorizados, salvo se o ato de autorização for promulgado nos últimos quatro meses daquele exercício, caso em que, reabertos nos limites de seus saldos, serão incorporados ao orçamento do exercício financeiro subsequente.
§ 3º. A abertura de crédito extraordinário somente será admitida para atender a despesas imprevisíveis e urgentes, como as decorrentes de guerra, comoção interna ou calamidade pública, observado o disposto no art. 62.

§ 4º. É permitida a vinculação de receitas próprias geradas pelos impostos a que se referem os arts. 155 e 156, e dos recursos de que tratam os arts. 157, 158 e 159, I, a e b, e II, para a prestação de garantia ou contragarantia à União e para pagamento de débitos para com esta. (Incluído pela Emenda Constitucional nº 3, de 1993)

Art. 168. Os recursos correspondentes às dotações orçamentárias, compreendidos os créditos suplementares e especiais, destinados aos órgãos dos Poderes Legislativo e Judiciário, do Ministério Público e da Defensoria Pública, ser-lhes-ão entregues até o dia 20 de cada mês, em duodécimos, na forma da lei complementar a que se refere o art. 165, § 9º. (Redação dada pela Emenda Constitucional nº 45, de 2004)

Art. 184. Compete à União desapropriar por interesse social, para fins de reforma agrária [...]
§ 4º. O *orçamento* fixará anualmente o volume total de títulos da dívida agrária, assim como o montante de recursos para atender ao programa de reforma agrária no exercício [grifo nosso].

Art. 195. A seguridade social será financiada por toda a sociedade, de forma direta e indireta, nos termos da lei, mediante recursos provenientes dos orçamentos da União, dos Estados, do Distrito Federal e dos Municípios, e das seguintes contribuições sociais:
[...]
§ 1º. As receitas dos Estados, do Distrito Federal e dos Municípios destinadas à seguridade social constarão dos respectivos orçamentos, não integrando o orçamento da União.
§ 2º. A proposta de orçamento da seguridade social será elaborada de forma integrada pelos órgãos responsáveis pela saúde, previdência social e assistência social, tendo em vista as metas e prioridades estabelecidas na lei de diretrizes orçamentárias, assegurada a cada área a gestão de seus recursos.
[...]
§ 5º. Nenhum benefício ou serviço da seguridade social poderá ser criado, majorado ou estendido sem a correspondente fonte de custeio total.

[...]
§ 10. A lei definirá os critérios de transferência de recursos para o sistema único de saúde e ações de assistência social da União para os Estados, o Distrito Federal e os Municípios, e dos Estados para os Municípios, observada a respectiva contrapartida de recursos. (Incluído pela Emenda Constitucional nº 20, de 1998)

Art. 216. Constituem patrimônio cultural brasileiro [...]
[...]
§ 6º. É facultado aos Estados e ao Distrito Federal vincular a fundo estadual de fomento à cultura até cinco décimos por cento de sua receita tributária líquida, para o financiamento de programas e projetos culturais, *vedada a aplicação desses recursos* no pagamento de: (Incluído pela Emenda Constitucional nº 42, de 19.12.2003) [grifo nosso]
I — despesas com pessoal e encargos sociais; (Incluído pela Emenda Constitucional nº 42, de 19.12.2003)
II — serviço da dívida; (Incluído pela Emenda Constitucional nº 42, de 19.12.2003)
III — qualquer outra despesa corrente não vinculada diretamente aos investimentos ou ações apoiados. (Incluído pela Emenda Constitucional nº 42, de 19.12.2003)

Art. 216-A. O Sistema Nacional de Cultura [...]
§ 1º. O Sistema Nacional de Cultura [...], e rege-se pelos seguintes princípios: (Incluído pela Emenda Constitucional nº 71, de 2012)
[...]
XII — ampliação progressiva dos recursos contidos nos orçamentos públicos para a cultura. (Incluído pela Emenda Constitucional nº 71, de 2012)

Art. 218. O Estado promoverá e incentivará o desenvolvimento científico, a pesquisa e a capacitação tecnológicas.
[...]
§ 5º. É facultado aos Estados e ao Distrito Federal vincular parcela de sua receita orçamentária a entidades públicas de fomento ao ensino e à pesquisa científica e tecnológica.

Art. 76 do ADCT. São desvinculados de órgão, fundo ou despesa, até 31 de dezembro de 2015, 20% (vinte por cento) da arrecadação da União de impostos, contribuiçõcs sociais e de intervenção no domínio econômico, já instituídos ou que vierem a ser criados até a referida data, seus adicionais e respectivos acréscimos legais. (Redação dada pela Emenda Constitucional nº 68, de 2011)

§ 1º. O disposto no *caput* não reduzirá a base de cálculo das transferências a Estados, Distrito Federal e Municípios, na forma do § 5º do art. 153, do inciso I do art. 157, dos incisos I e II do art. 158 e das alíneas *a*, *b* e *d* do inciso I e do inciso II do art. 159 da Constituição Federal, nem a base de cálculo das destinações a que se refere a alínea *c* do inciso I do art. 159 da Constituição Federal. (Redação dada pela Emenda Constitucional nº 68, de 2011)

§ 2º. Excetua-se da desvinculação de que trata o *caput* a arrecadação da contribuição social do salário-educação a que se refere o § 5º do art. 212 da Constituição Federal. (Redação dada pela Emenda Constitucional nº 68, de 2011)

§ 3º. Para efeito do cálculo dos recursos para manutenção e desenvolvimento do ensino de que trata o art. 212 da Constituição Federal, o percentual referido no *caput* será nulo. (Redação dada pela Emenda Constitucional nº 68, de 2011)[87]

Fiscalização e controle de gastos

Art. 31. A *fiscalização* do Município será exercida pelo Poder Legislativo Municipal, mediante controle externo, e pelos sistemas de controle interno do Poder Executivo Municipal, na forma da lei [grifo nosso].

§ 1º. O *controle externo* da Câmara Municipal será exercido com o auxílio dos Tribunais de Contas dos Estados ou do Município ou dos Conselhos ou Tribunais de Contas dos Municípios, onde houver [grifo nosso].

---

[87] Os arts. 71 e 72 do ADCT haviam criado o FEF e o FSE, que perderam validade.

§ 2º. O parecer prévio, emitido pelo órgão competente sobre as contas que o Prefeito deve anualmente prestar, só deixará de prevalecer por decisão de dois terços dos membros da Câmara Municipal.

§ 3º. As contas dos Municípios ficarão, durante sessenta dias, anualmente, à disposição de qualquer contribuinte, para exame e apreciação, o qual poderá questionar-lhes a legitimidade, nos termos da lei.

§ 4º. É vedada a criação de Tribunais, Conselhos ou órgãos de Contas Municipais.

Art. 33. A lei disporá sobre a organização administrativa e judiciária dos Territórios.
[...]
§ 2º. As *contas* do Governo do Território serão submetidas ao Congresso Nacional, com parecer prévio do Tribunal de Contas da União [grifo nosso].

Art. 34. A União não *intervirá* nos Estados nem no Distrito Federal, exceto para [grifo nosso]:
[...]
V — reorganizar as finanças da unidade da Federação que:
a) suspender o pagamento da dívida fundada por mais de dois anos consecutivos, salvo motivo de força maior;
b) deixar de entregar aos Municípios receitas tributárias fixadas nesta Constituição, dentro dos prazos estabelecidos em lei;
[...]
VII — assegurar a observância dos seguintes princípios constitucionais:
[...]
d) prestação de contas da administração pública, direta e indireta.
e) aplicação do mínimo exigido da receita resultante de impostos estaduais, compreendida a proveniente de transferências, na manutenção e desenvolvimento do ensino e nas ações e serviços públicos de saúde. (Redação dada pela Emenda Constitucional nº 29, de 2000)

Art. 35. O Estado não *intervirá* em seus Municípios, nem a União nos Municípios localizados em Território Federal, exceto quando [grifo nosso]:
I — deixar de ser paga, sem motivo de força maior, por dois anos consecutivos, a dívida fundada;
II — não forem prestadas contas devidas, na forma da lei;
III — não tiver sido aplicado o mínimo exigido da receita municipal na manutenção e desenvolvimento do ensino e nas ações e serviços públicos de saúde; (Redação dada pela Emenda Constitucional nº 29, de 2000)

Art. 37. A administração pública direta ou indireta [...] obedecerá aos princípios [...] e, também, ao seguinte:
[...]
§ 3º. A lei disciplinará as formas de participação do usuário na administração pública direta e indireta, regulando especialmente: (Redação dada pela Emenda Constitucional nº 19, de 1998)
[...]
II — o acesso dos usuários a registros administrativos e a informações sobre atos de governo, observado o disposto no art. 5º, X e XXXIII; (Incluído pela Emenda Constitucional nº 19, de 1998)
[...]
§ 4º. Os atos de *improbidade administrativa* importarão a suspensão dos direitos políticos, a perda da função pública, a indisponibilidade dos bens e o ressarcimento ao erário, na forma e gradação previstas em lei, sem prejuízo da ação penal cabível [grifo nosso].
§ 5º. A lei estabelecerá os prazos de *prescrição* para ilícitos praticados por qualquer agente, servidor ou não, que causem prejuízos ao erário, ressalvadas as respectivas ações de ressarcimento [grifo nosso].
[...]
§ 8º. A autonomia gerencial, orçamentária e financeira dos órgãos e entidades da administração direta e indireta poderá ser ampliada mediante contrato, a ser firmado entre seus administradores e o poder público, que tenha por objeto a fixação de *metas de desem-*

penho para o órgão ou entidade, cabendo à lei dispor sobre: (Incluído pela Emenda Constitucional nº 19, de 1998) [grifo nosso]
I — o prazo de duração do contrato;
II — os controles e critérios de avaliação de desempenho, direitos, obrigações e responsabilidade dos dirigentes;
III — a remuneração do pessoal.

Art. 49. É da competência exclusiva do Congresso Nacional:
[...]
IX — julgar anualmente as contas prestadas pelo Presidente da República e apreciar os relatórios sobre a execução dos planos de governo;
X — fiscalizar e controlar, diretamente, ou por qualquer de suas Casas, os atos do Poder Executivo, incluídos os da administração indireta;
[...]
XIII — escolher dois terços dos membros do Tribunal de Contas da União;

Art. 50. A Câmara dos Deputados e o Senado Federal, ou qualquer de suas Comissões, poderão convocar Ministro de Estado ou quaisquer titulares de órgãos diretamente subordinados à Presidência da República para prestarem, pessoalmente, informações sobre assunto previamente determinado, importando *crime de responsabilidade* a ausência sem justificação adequada. (Redação dada pela Emenda Constitucional de Revisão nº 2, de 1994) [grifo nosso]
[...]
§ 2º. As Mesas da Câmara dos Deputados e do Senado Federal poderão encaminhar pedidos escritos de informações a Ministros de Estado ou a qualquer das pessoas referidas no caput deste artigo, importando em *crime de responsabilidade* a recusa, ou o não atendimento, no prazo de trinta dias, bem como a prestação de informações falsas. (Redação dada pela Emenda Constitucional de Revisão nº 2, de 1994) [grifo nosso]

Art. 51. Compete privativamente à Câmara dos Deputados:
I — autorizar, por dois terços de seus membros, *a instauração de processo* contra o Presidente e o Vice-Presidente da República e os Ministros de Estado [grifo nosso];
II — proceder à *tomada de contas* do Presidente da República, quando não apresentadas ao Congresso Nacional dentro de sessenta dias após a abertura da sessão legislativa [grifo nosso];

Art. 52. Compete privativamente ao Senado Federal:
I — processar e julgar o Presidente e o Vice-Presidente da República nos *crimes de responsabilidade*, bem como os Ministros de Estado e os Comandantes da Marinha, do Exército e da Aeronáutica nos crimes da mesma natureza conexos com aqueles; (Redação dada pela Emenda Constitucional nº 23, de 02/09/99) [grifo nosso]
II — processar e julgar os Ministros do Supremo Tribunal Federal, os membros do Conselho Nacional de Justiça e do Conselho Nacional do Ministério Público, o Procurador-Geral da República e o Advogado-Geral da União nos crimes de responsabilidade; (Redação dada pela Emenda Constitucional nº 45, de 2004)
III — aprovar previamente, por voto secreto, após arguição pública, a escolha de:
[...]
b) Ministros do Tribunal de Contas da União indicados pelo Presidente da República;
Parágrafo único. Nos casos previstos nos incisos I e II, funcionará como Presidente o do Supremo Tribunal Federal, limitando-se a condenação, que somente será proferida por dois terços dos votos do Senado Federal, à perda do cargo, com inabilitação, por oito anos, para o exercício de função pública, sem prejuízo das demais sanções judiciais cabíveis.

Art. 70. A fiscalização contábil, financeira, orçamentária, operacional e patrimonial da União e das entidades da administração direta e indireta, quanto à legalidade, legitimidade, economicidade, aplicação das subvenções e renúncia de receitas, será exercida pelo Congresso Nacional, mediante controle externo, e pelo sistema de controle interno de cada Poder.

Parágrafo único. Prestará contas qualquer pessoa física ou jurídica, pública ou privada, que utilize, arrecade, guarde, gerencie ou administre dinheiros, bens e valores públicos ou pelos quais a União responda, ou que, em nome desta, assuma obrigações de natureza pecuniária. (Redação dada pela Emenda Constitucional nº 19, de 1998)

Art. 71. O controle externo, a cargo do Congresso Nacional, será exercido com o auxílio do Tribunal de Contas da União, ao qual compete:

I — apreciar as contas prestadas anualmente pelo Presidente da República, mediante parecer prévio que deverá ser elaborado em sessenta dias a contar de seu recebimento;

II — julgar as contas dos administradores e demais responsáveis por dinheiros, bens e valores públicos da administração direta e indireta, incluídas as fundações e sociedades instituídas e mantidas pelo Poder Público federal, e as contas daqueles que derem causa a perda, extravio ou outra irregularidade de que resulte prejuízo ao erário público;

III — apreciar, para fins de registro, a legalidade dos atos de admissão de pessoal, a qualquer título, na administração direta e indireta, incluídas as fundações instituídas e mantidas pelo Poder Público, excetuadas as nomeações para cargo de provimento em comissão, bem como a das concessões de aposentadorias, reformas e pensões, ressalvadas as melhorias posteriores que não alterem o fundamento legal do ato concessório;

IV — realizar, por iniciativa própria, da Câmara dos Deputados, do Senado Federal, de Comissão técnica ou de inquérito, inspeções e auditorias de natureza contábil, financeira, orçamentária, operacional e patrimonial, nas unidades administrativas dos Poderes Legislativo, Executivo e Judiciário, e demais entidades referidas no inciso II;

V — fiscalizar as contas nacionais das empresas supranacionais de cujo capital social a União participe, de forma direta ou indireta, nos termos do tratado constitutivo;

VI — fiscalizar a aplicação de quaisquer recursos repassados pela União mediante convênio, acordo, ajuste ou outros instrumentos congêneres, a Estado, ao Distrito Federal ou a Município;

VII — prestar as informações solicitadas pelo Congresso Nacional, por qualquer de suas Casas, ou por qualquer das respectivas Comissões, sobre a fiscalização contábil, financeira, orçamentária, operacional e patrimonial e sobre resultados de auditorias e inspeções realizadas;

VIII — aplicar aos responsáveis, em caso de ilegalidade de despesa ou irregularidade de contas, as sanções previstas em lei, que estabelecerá, entre outras cominações, multa proporcional ao dano causado ao erário;

IX — assinar prazo para que o órgão ou entidade adote as providências necessárias ao exato cumprimento da lei, se verificada ilegalidade;

X — sustar, se não atendido, a execução do ato impugnado, comunicando a decisão à Câmara dos Deputados e ao Senado Federal;

XI — representar ao Poder competente sobre irregularidades ou abusos apurados.

§ 1º. No caso de contrato, o ato de sustação será adotado diretamente pelo Congresso Nacional, que solicitará, de imediato, ao Poder Executivo as medidas cabíveis.

§ 2º. Se o Congresso Nacional ou o Poder Executivo, no prazo de noventa dias, não efetivar as medidas previstas no parágrafo anterior, o Tribunal decidirá a respeito.

§ 3º. As decisões do Tribunal de que resulte imputação de débito ou multa terão eficácia de título executivo.

§ 4º. O Tribunal encaminhará ao Congresso Nacional, trimestral e anualmente, relatório de suas atividades.

Art. 72. A Comissão mista permanente a que se refere o art. 166, §1º, diante de indícios de despesas não autorizadas, ainda que sob a forma de investimentos não programados ou de subsídios não aprovados, poderá solicitar à autoridade governamental responsável que, no prazo de cinco dias, preste os esclarecimentos necessários.

§ 1º. Não prestados os esclarecimentos, ou considerados estes insuficientes, a Comissão solicitará ao Tribunal pronunciamento conclusivo sobre a matéria, no prazo de trinta dias.

§ 2º. Entendendo o Tribunal irregular a despesa, a Comissão, se julgar que o gasto possa causar dano irreparável ou grave lesão à economia pública, proporá ao Congresso Nacional sua sustação.

Art. 73. O Tribunal de Contas da União, integrado por nove Ministros, tem sede no Distrito Federal, quadro próprio de pessoal e jurisdição em todo o território nacional, exercendo, no que couber, as atribuições previstas no art. 96.

§ 1º. Os Ministros do Tribunal de Contas da União serão nomeados dentre brasileiros que satisfaçam os seguintes requisitos:

I — mais de trinta e cinco e menos de sessenta e cinco anos de idade;

II — idoneidade moral e reputação ilibada;

III — notórios conhecimentos jurídicos, contábeis, econômicos e financeiros ou de administração pública;

IV — mais de dez anos de exercício de função ou de efetiva atividade profissional que exija os conhecimentos mencionados no inciso anterior.

§ 2º. Os Ministros do Tribunal de Contas da União serão escolhidos:

I — um terço pelo Presidente da República, com aprovação do Senado Federal, sendo dois alternadamente dentre auditores e membros do Ministério Público junto ao Tribunal, indicados em lista tríplice pelo Tribunal, segundo os critérios de antiguidade e merecimento;

II — dois terços pelo Congresso Nacional.

§ 3º. Os Ministros do Tribunal de Contas da União terão as mesmas garantias, prerrogativas, impedimentos, vencimentos e vantagens dos Ministros do Superior Tribunal de Justiça, aplicando-se-lhes, quanto à aposentadoria e pensão, as normas constantes do art. 40. (Redação dada pela Emenda Constitucional nº 20, de 1998)

§ 4º. O auditor, quando em substituição a Ministro, terá as mesmas garantias e impedimentos do titular e, quando no exercício das demais atribuições da judicatura, as de juiz de Tribunal Regional Federal.

Art. 74. Os Poderes Legislativo, Executivo e Judiciário manterão, de forma integrada, sistema de controle interno com a finalidade de:

I — avaliar o cumprimento das metas previstas no plano plurianual, a execução dos programas de governo e dos orçamentos da União;

II — comprovar a legalidade e avaliar os resultados, quanto à eficácia e eficiência, da gestão orçamentária, financeira e patrimonial nos órgãos e entidades da administração federal, bem como da aplicação de recursos públicos por entidades de direito privado;

III — exercer o controle das operações de crédito, avais e garantias, bem como dos direitos e haveres da União;

IV — apoiar o controle externo no exercício de sua missão institucional.

§ 1º. Os responsáveis pelo controle interno, ao tomarem conhecimento de qualquer irregularidade ou ilegalidade, dela darão ciência ao Tribunal de Contas da União, sob pena de responsabilidade solidária.

§ 2º. Qualquer cidadão, partido político, associação ou sindicato é parte legítima para, na forma da lei, denunciar irregularidades ou ilegalidades perante o Tribunal de Contas da União.

Art. 75. As normas estabelecidas nesta seção aplicam-se, no que couber, à organização, composição e fiscalização dos Tribunais de Contas dos Estados e do Distrito Federal, bem como dos Tribunais e Conselhos de Contas dos Municípios.

Parágrafo único. As Constituições estaduais disporão sobre os Tribunais de Contas respectivos, que serão integrados por sete Conselheiros.

Art. 84. Compete privativamente ao Presidente da República:
[...]
XV — nomear, observado o disposto no art. 73, os Ministros do Tribunal de Contas da União;
[...]
XXIV — prestar, anualmente, ao Congresso Nacional, dentro de sessenta dias após a abertura da sessão legislativa, as contas referentes ao exercício anterior;

Art. 85. São *crimes de responsabilidade* os atos do Presidente da República que atentem contra a Constituição Federal e, especialmente, contra [grifo nosso]:
[...]
V — a probidade na administração;
VI — a lei orçamentária;
[...]
Parágrafo único. Esses crimes serão definidos em lei especial, que estabelecerá as normas de processo e julgamento.

Art. 86. Admitida a acusação contra o Presidente da República, por dois terços da Câmara dos Deputados, será ele submetido a julgamento perante o Supremo Tribunal Federal, nas infrações penais comuns, ou perante o Senado Federal, nos *crimes de responsabilidade* [grifo nosso].
§ 1º. O Presidente ficará suspenso de suas funções:
[...]
II — nos crimes de responsabilidade, após a instauração do processo pelo Senado Federal.
§ 2º. Se, decorrido o prazo de cento e oitenta dias, o julgamento não estiver concluído, cessará o afastamento do Presidente, sem prejuízo do regular prosseguimento do processo.

Art. 102. Compete ao Supremo Tribunal Federal, precipuamente, a guarda da Constituição, cabendo-lhe:
I — processar e julgar, originariamente:

[...]
c) nas infrações penais comuns e nos *crimes de responsabilidade*, os Ministros de Estado e os Comandantes da Marinha, do Exército e da Aeronáutica, ressalvado o disposto no art. 52, I, os membros dos Tribunais Superiores, os do Tribunal de Contas da União e os chefes de missão diplomática de caráter permanente; (Redação dada pela Emenda Constitucional nº 23, de 1999) [grifo nosso]

Art. 103-B. O Conselho Nacional de Justiça compõe-se de 15 (quinze) membros com mandato de 2 (dois) anos, admitida 1 (uma) recondução, sendo: (Redação dada pela Emenda Constitucional nº 61, de 2009)

[...]

§ 4º. Compete ao Conselho o controle da atuação administrativa e financeira do Poder Judiciário e do cumprimento dos deveres funcionais dos juízes, cabendo-lhe, além de outras atribuições que lhe forem conferidas pelo Estatuto da Magistratura: (Incluído pela Emenda Constitucional nº 45, de 2004)

[...]

II — zelar pela observância do art. 37 e apreciar, de ofício ou mediante provocação, a legalidade dos atos administrativos praticados por membros ou órgãos do Poder Judiciário, podendo desconstituí-los, revê-los ou fixar prazo para que se adotem as providências necessárias ao exato cumprimento da lei, sem prejuízo da competência do Tribunal de Contas da União; (Incluído pela Emenda Constitucional nº 45, de 2004)

III — receber e conhecer das reclamações contra membros ou órgãos do Poder Judiciário, inclusive contra seus serviços auxiliares, serventias e órgãos prestadores de serviços notariais e de registro que atuem por delegação do poder público ou oficializados, sem prejuízo da competência disciplinar e correicional dos tribunais, podendo avocar processos disciplinares em curso e determinar a remoção, a disponibilidade ou a aposentadoria com subsídios ou proventos proporcionais ao tempo de serviço e aplicar outras sanções administrativas, assegurada ampla defesa; (Incluído pela Emenda Constitucional nº 45, de 2004)

IV — representar ao Ministério Público, no caso de crime contra a administração pública ou de abuso de autoridade; (Incluído pela Emenda Constitucional nº 45, de 2004)

Art. 105. Compete ao Superior Tribunal de Justiça:
I — processar e julgar, originariamente:
a) nos crimes comuns, os Governadores dos Estados e do Distrito Federal, e, nestes e nos de *responsabilidade*, os desembargadores dos Tribunais de Justiça dos Estados e do Distrito Federal, os membros dos Tribunais de Contas dos Estados e do Distrito Federal, os dos Tribunais Regionais Federais, dos Tribunais Regionais Eleitorais e do Trabalho, os membros dos Conselhos ou Tribunais de Contas dos Municípios e os do Ministério Público da União que oficiem perante tribunais; [grifo nosso]

Art. 129. São funções institucionais do Ministério Público:
[...]
III — promover o inquérito civil e a ação civil pública, para a proteção do patrimônio público e social, do meio ambiente e de outros interesses difusos e coletivos;

Art. 130-A. O Conselho Nacional do Ministério Público compõe-se de quatorze membros nomeados pelo Presidente da República, [...]
§ 2º. Compete ao Conselho Nacional do Ministério Público o *controle da atuação administrativa e financeira do Ministério Público* e do cumprimento dos deveres funcionais de seus membros, cabendo lhe [grifo nosso]:
I — zelar pela autonomia funcional e administrativa do Ministério Público, podendo expedir atos regulamentares, no âmbito de sua competência, ou recomendar providências;
II — zelar pela observância do art. 37 e apreciar, de ofício ou mediante provocação, a legalidade dos atos administrativos praticados por membros ou órgãos do Ministério Público da União e dos Estados, podendo desconstituí-los, revê-los ou fixar prazo para que se adotem as providências necessárias ao exato cum-

primento da lei, sem prejuízo da competência dos Tribunais de Contas;

III — receber e conhecer das reclamações contra membros ou órgãos do Ministério Público da União ou dos Estados, inclusive contra seus serviços auxiliares, sem prejuízo da competência disciplinar e correicional da instituição, podendo avocar processos disciplinares em curso, determinar a remoção, a disponibilidade ou a aposentadoria com subsídios ou proventos proporcionais ao tempo de serviço e aplicar outras sanções administrativas, assegurada ampla defesa;

Art. 144. A segurança pública, dever do Estado, direito e responsabilidade de todos, é exercida para a preservação da ordem pública e da incolumidade das pessoas e do patrimônio, através dos seguintes órgãos:
I — polícia federal;
[...]
§ 1º. A polícia federal, instituída por lei como órgão permanente, organizado e mantido pela União e estruturado em carreira, destina-se a: (Redação dada pela Emenda Constitucional nº 19, de 1998)
I — *apurar infrações penais contra a ordem política e social ou em detrimento de bens, serviços e interesses da União* ou de suas entidades autárquicas e empresas públicas, assim como outras infrações cuja prática tenha repercussão interestadual ou internacional e exija repressão uniforme, segundo se dispuser em lei; [grifo nosso]

Art. 173. Ressalvados os casos previstos nesta Constituição, a exploração direta de atividade econômica pelo Estado só será permitida quando necessária aos imperativos da segurança nacional ou a relevante interesse coletivo, conforme definidos em lei.
§ 1º. A lei estabelecerá o estatuto jurídico da empresa pública, da sociedade de economia mista e de suas subsidiárias que explorem atividade econômica de produção ou comercialização de bens

ou de prestação de serviços, dispondo sobre: (Redação dada pela Emenda Constitucional nº 19, de 1998)

I — sua função social e formas de fiscalização pelo Estado e pela sociedade; (Incluído pela Emenda Constitucional nº 19, de 1998)

II — a sujeição ao regime jurídico próprio das empresas privadas, inclusive quanto aos direitos e obrigações civis, comerciais, trabalhistas e tributários; (Incluído pela Emenda Constitucional nº 19, de 1998)

III — licitação e contratação de obras, serviços, compras e alienações, observados os princípios da administração pública; (Incluído pela Emenda Constitucional nº 19, de 1998)

IV — a constituição e o funcionamento dos conselhos de administração e fiscal, com a participação de acionistas minoritários; (Incluído pela Emenda Constitucional nº 19, de 1998)

V — os mandatos, a avaliação de desempenho e a responsabilidade dos administradores. (Incluído pela Emenda Constitucional nº 19, de 1998)

Tratamento fiscal e financeiro privilegiado

Art. 43. Para efeitos administrativos, a União poderá articular sua ação em um mesmo complexo geoeconômico e social, visando a seu desenvolvimento e à redução das desigualdades regionais.
[...]
§ 2º. Os *incentivos regionais* compreenderão, além de outros, na forma da lei [grifo nosso]:

I — igualdade de tarifas, fretes, seguros e outros itens de custos e preços de responsabilidade do Poder Público;

II — juros favorecidos para financiamento de atividades prioritárias;

III — isenções, reduções ou diferimento temporário de tributos federais devidos por pessoas físicas ou jurídicas;

Art. 170. A ordem econômica, fundada na valorização do trabalho humano e na livre iniciativa, tem por fim assegurar a todos existência digna, conforme os ditames da justiça social, observados os seguintes princípios:

[...]

VII — redução das desigualdades regionais e sociais;

[...]

IX — tratamento favorecido para as *empresas de pequeno porte* constituídas sob as leis brasileiras e que tenham sua sede e administração no País. (Redação dada pela Emenda Constitucional nº 6, de 1995) [grifo nosso]

Art. 179. A União, os Estados, o Distrito Federal e os Municípios dispensarão às microempresas e às empresas de pequeno porte, assim definidas em lei, tratamento jurídico diferenciado, visando a incentivá-las pela simplificação de suas obrigações administrativas, tributárias, previdenciárias e creditícias, ou pela eliminação ou redução destas por meio de lei.

Impressão e acabamento:

Grupo Smart Printer
Soluções em impressão